JN115635

Sustainable Development Goals

新SDGs論

現状・歴史そして未来をとらえる

田中 治彦
TANAKA HARUHIKO

人言洞

はじめに

SDGs（持続可能な開発目標）という言葉を近頃よく耳にするようになった。2023年2月の調査ではSDGsの認知率は91.6%に達している（電通第6回SDGsに関する生活者調査）。これは最近メディアでSDGsを取り上げる機会が増えたことや、全国の学校でSDGsを教えていることなどの結果である。「国連ESD（持続可能な開発のための教育）の10年（2005-14）」がその最終年になってもESDの認知度が2割に満たなかったことと比べると大きな違いがある。

SDGsは2015年9月の国連総会で採択された国際的な開発目標であり、2030年までの目標達成を目指している。SDGsには、貧困根絶、教育促進、環境保全などの17の目標がある。17というのは多いようにも思うが、200カ国近くから成る地球社会が解決を目指すべき課題は数十、数百にも及ぶであろうから、17にまとめあげたことはむしろ少ないと言えるかもしれない。17の開発目標にはそれぞれ歴史的な経緯がある。それらを知っておくことはSDGsを理解するうえでも大切なことである。いっぽう、SDGsの諸目標が2030年にすべて達成できるとは考えにくい。目標13の地球温暖化ひとつとっても、2030年までにカーボン・ニュートラルを達成することはまず不可能である。日本政府は2050年まで、中国は2060年までの達成を目標としている。そう考えると、SDGsの枠組みは多少変化があるにしろ、今後30年以上にわたって続くと予想される。すなわち、読者の皆さんの残りの人生の大半がSDGsにつながる課題を抱える地球社会に暮らすことになる。

SDGsの周知度が9割に達したといっても、個々人の行動やライフスタイルがSDGs達成に向けて意識されているわけでは必ずしも

ない。お笑いのネタでも「最近エコバッグを使っています」「それSDGsですね」のような場面があり，やや受けはしているものの，その程度の理解，すなわちリサイクルや節約がSDGsにつながるというような単純な理解であることは多い。あるいは，それ以上の行動をとろうにも，どのようにしたらよいのかわからないといったこともあるであろう。教育現場では2020年度以降，小学校から大学までSDGsが教えられているが，その内容は17目標の表面的な理解に留まっていることが多い。教師が模範を示そうと，SDGs達成に向けて普段心がけていることをあげている事例もあるが，その行動自体がリサイクルや節約の域を出ていない。

　2023年がSDGsの中間年にあたり，2024年から後半戦となる。SDGsの周知度が9割に達した今，SDGsの啓発の時代は終わり，今後はSDGsを具体的に推進する時期にあたる。そのためには表層的ではなく，その問題の歴史的な意義に立ち返って考え，理解と行動に移していくことが求められる。SDGsに関する著書は2023年8月現在，1000件超にものぼっている（Cinii-Books調べ）。筆者が2016年に日本で最初のSDGs解説書である『SDGsと開発教育』（学文社）を上程したときには，SDGsに関する文献がこのように多く発刊されることは想像できなかった。しかしながら，1000冊を超える文献でも，SDGsの歴史的な意義について解説している書籍は見当たらない。

　SDGsという言葉は聞いたことがあっても，SD（持続可能な開発）とは何かを説明できる人は多くはないであろう。持続可能な開発（Sustainable Development）という用語が現在の意味で登場したのは1987年のブルントラント委員会報告書『我々の共通の未来』であり，それが国際公約として認知されたのが1992年の地球サミット

（国連環境開発会議）であった。1990年代には環境，開発，人権，ジェンダー，人口問題などの国際会議が開催されて，それらの課題が相互に関係し合っていること，同時に解決していかねばならないグローバル課題であるという認識が高まった。これらの課題を統合して，2000年の国連ミレニアム総会でMDGs（ミレニアム開発目標，2000–15年）が策定された。SDGsの前身としてMDGsがあるということもあまり知られていない。したがって，SDGsを深く理解するためには少なくとも1992年のリオデジャネイロ・地球サミットまで遡る必要がある。

　本書の副題に〈現状・歴史そして未来をとらえる〉とあるように，第一部では，SDGsの前身となる地球サミット以来のSDの考え方や具体的な対策の変遷と中間年にあたる2023年の状況ついて解説する［**現状**］。SDGsの直接のルーツのみに関心のある方やお時間に制約のある方はここから第三部に飛んでいただいてもよいだろう。

　第二部では，SDGsに至るまでの歴史についてさらに深掘りする［**歴史**］。持続可能な開発には，環境問題と開発問題の統合というテーマがあった。環境問題がグローバルな課題として認識されるようになったのは1972年のストックホルムの人間環境会議以来である。開発問題がグローバルな課題となったのは1960年の「国連開発の10年」以降である。さらに，SDGsのスローガンは「誰一人取り残さない」であり，グローバルな人権問題が重要なテーマとなっている。人権問題は1948年の世界人権宣言にまで遡ることができる。SDGsの16目標は「平和と公正をすべての人に」である。平和と核の問題は第二次世界大戦終結時にすでに発生していた東西問題が原点である。すなわち，SDGsが扱っている17目標は，平和問題（東

西問題），開発問題（南北問題），環境問題，人権問題という 4 つの
グローバル課題が重層的に折り重なって成立している。第二部で
は，この 4 つのグローバル課題についてていねいに説明し，SDGs
の成り立ちや構造をより明らかにしたい。

　第三部では，2030年以降のグローバル課題がどのようになってい
くのか，若干の展望を述べてみたい［**未来**］。地球環境と人間社会
の持続可能性を問うた SDGs は，2030年以降も名称を変えて続いて
いくと考えられる。コロナ禍やウクライナ紛争により，SDGs が
2030年に達成できるかどうかも危ぶまれている。先に述べたように
カーボン・ニュートラルの目標は2050–60年まで続く。ここでは，
人口動態，気候変動，生物多様性，貧困と格差，移住労働者などの
課題を扱う。第11章では，いかに SDGs を自分事にすることができ
るかを論ずる。SDGs について具体的に何をどうしたらよいのかに
関心がある方は第11章からお読みいただいてもよいであろう。

　本書のテーマを議論した2021年度上智大学教育学専攻のゼミ生の
皆さんに感謝したい。本稿の下読み及び校正を手伝っていただい
た，秋元みどり様，松倉紗野香様，山本夏希様にお礼申し上げた
い。また，本書の出版を快く引き受けていただいた人言洞の二村和
樹様に厚く御礼申し上げる次第である。

田中　治彦

もくじ

　SDGs のルーツを探るにあたって，まず SDGs とは何かについて第1章で解説しておきたい。続いて第2章では，SDGs に含まれる基本的概念である SD（持続可能な開発）についてその起源から追う。1990年代の地球サミットを初めとする各種国際会議とグローバル課題の統合過程をみていく。第3章では，国連としては最初の統合された開発目標であるミレニアム開発目標（MDGs：2000-15）について解説する。SDGs の前身となる開発目標であり，MDGs を理解しておくことが SDGs の策定の意義の理解につながる。第4章では，MDGs と同じ時期に国連が推進した「ESD（持続可能な開発のための教育）の10年（2005-14）」についてみていく。SDGs においても教育が重視されていて，ESD を理解することが SDGs の推進にとって必要である。

第一部 地球サミット～SDGs ◀現状(2023)▶	第二部 SDGsまでの歴史 歴史（1945）◀	第三部 SDGs以降の課題・展望 未来(2030)▶

第1章　SDGs（持続可能な開発目標）とは何か？

　2015年の9月，ニューヨーク国連本部において「国連持続可能な開発サミット」が開催され，150を超える加盟国首脳の参加のもと，その成果文書として，「我々の世界を変革する：持続可能な開発のための2030アジェンダ」（以下，**2030アジェンダ**）が採択された。持続可能な開発目標（SDGs：Sustainable Development Goals）は2030アジェンダに記載された，17のゴール・169のターゲットから構成される開発目標である。**ミレニアム開発目標**（**MDGs**：2000-15）が主として開発途上国を対象とした開発目標であったのに対して，SDGs は開発途上国と先進工業国双方に関わるユニバーサル（普遍的）な目標として策定された。そのため，MDGs は外務省，**JICA**（**国際協力機構**），国際協力 NGO，開発教育など主に国際協力関係者によって注目されていたのに対して，SDGs は広く企業，地方自治体，市民団体，学会・教育界，メディアなど幅広い層によって関心をもたれることになった。

SDGs 策定に至る経緯

　SDGs の策定プロセスには，MDGs の後継目標の策定に係る動きと国連持続可能な開発会議（**リオ＋20**）に係る動きの二つの流れがあった。2010年の MDGs 国連首脳会合において，MDGs の目標期限である2015年以降の開発分野の国際目標として，ポスト2015年開発アジェンダの議論を開始することが合意された。その後，潘基文国連事務総長によって設置された「ポスト2015年開発アジェンダに関するハイレベル・パネル」が2013年に提出した報告書『新たなグローバル・パートナーシップ：持続可能な開発を通じ，貧困の根絶

と経済の変革を』には，新たな14ゴールとターゲットが例示された。いっぽう，2012年に開催された国連持続可能な開発会議（リオ＋20）の成果文書『我々の求める未来』では，持続可能な開発を達成するためには経済的，社会的，環境的側面を統合する必要性が示されて，SDGs の政府間交渉プロセスの立ち上げが合意された。その結果，SDGs をポスト2015年の開発目標と統合する形で策定することが確認された。

　これを受け，2013年以降30カ国からの専門家等で構成される SDGs 策定のためのオープン・ワーキング・グループが13回にわたって開催されて，2014年7月に SDGs のゴールとターゲットの案が発表された。そして2015年1月から7回にわたる全国連加盟国による政府間交渉を経て，同年9月の国連総会において SDGs17目標を含む成果文書『我々の世界を変革する：持続可能な開発のための2030アジェンダ』が全会一致で採択された。

2030アジェンダ

　2030アジェンダで注目すべきことは，そのタイトルに「我々の世界を変革する（transform）」とあることである。「変革」は「改善」とは違って，世界のシステムや人々の意識を根本的に変えることを意味する。このアジェンダの歴史的意義として「我々は，貧困を終わらせることに成功する最初の世代になり得る。同様に，地球を救う機会を持つ最後の世代になるかもしれない」（50項）として，危機感とともにチャレンジを促している。

　2030アジェンダの「前文」では，SDGs の17つの目標を構成する**5つの P**，すなわち People（人間），Planet（地球），Prosperity（豊かさ），Peace（平和），Partnership（パートナーシップ）について記

されている。第二部の各章で展開されるとおり，SDGsは戦後の4つのグローバル課題の上に成り立っている。4つとは，①平和（東西）問題，②開発（南北）問題，③環境問題，④人権問題，である。People（人間）におけるキーワードは，貧困・飢餓の終焉，人間の尊厳，潜在能力の発揮である。グローバル課題では第四の人権問題に対応している。Planet（地球）では，持続可能な消費と生産，資源の管理，気候変動が強調されている。すなわち第三のグローバル課題である環境問題に関する項目である。

　Prosperity（豊かさ）では，豊かで満たされた生活の享受が求められている。第二のグローバル課題「開発」に対応している。Peace（平和）では，恐怖及び暴力から自由，平和で公正かつ包摂的な社会の構築を求めている。言うまでもなく，戦後第一のグローバル課題に関する項目である。Partnership（パートナーシップ）では，最も貧しく最も脆弱な人々に特別の焦点を当てて，すべての国と人々の参加によってSDGsを実現することを求めている。「前文」ではさらに，持続可能な開発は，「経済」「社会」「環境」の三つの側面においてバランスがとれ統合された形で達成されるべきことと，MDGsで未達成の課題に引き続き取り組むことを目指していることが述べられている。

　2030アジェンダの第4項では「**誰一人取り残さない（No one is left behind)**」の原則が述べられている。取り残されがちな「脆弱な人々」としては「子ども，若者，障害者，HIV/エイズと共に生きる人々，高齢者，先住民，難民，国内避難民，移民」が例示されている（23項）。また，「もっとも脆弱な国々」として「アフリカ諸国，後発開発途上国，内陸開発途上国，小島嶼開発途上国，紛争下や紛争後国」があげられている（22項）。

SDGsの目標・ターゲットは数値化されるものが採用されていて，数字で表現されない項目は目標にあがっていない。そのなかで最も大切なのは「**文化**」である。2030アジェンダでは「世界の自然と文化の多様性を認め，すべての文化・文明は持続可能な開発に貢献するばかりでなく，重要な成功への鍵であると認識する」と書かれている（36項）。文化の多様性については17目標に入っていないので無視ないし軽視されがちであるが，人間社会の持続可能性にとって非常に重要なポイントであることに注意する必要がある。

17目標の構造

　SDGsの**17目標**は，図1−1のように5つのグループに分類することができる。

　SDGsの最初のSDG1〜6はMDGsを引き継ぐ開発目標であり，主に開発途上国を対象としたものである。ここでは貧困，保健，教育，ジェンダー，水などの課題が扱われる。そして，SDG7〜9が経済・産業系の目標である。エネルギー，雇用，経済成長，技術革新に関する目標である。続いて，SDG10〜12は社会・生活系の目標である。不平等解消，まちづくり，生産と消費を扱っている。SDG13〜15は地球サミット以来の環境問題である。地球温暖化と生物多様性の確保である。

　SDGsの理念に関する目標がある。重複するが，SDG5〈ジェンダー平等〉，SDG10〈人と国の不平等解消〉，SDG16〈平和と公正〉である。SDG16では人権問題も扱われている。最後のSDG17〈パートナーシップで目標を達成しよう〉は，以上16目標を達成するための実施体制づくりに関する目標である。

　SDG1〜6は主に開発途上国を対象とした目標ではあるが，貧

SDG 1	貧困をなくそう
SDG 2	飢餓をゼロに
SDG 3	すべての人に保健と福祉を
SDG 4	質の高い教育をみんなに
SDG 5	ジェンダー平等を実現しよう
SDG 6	安全な水とトイレを世界中に
SDG 7	エネルギーをみんなに, そしてクリーンに
SDG 8	働きがいも経済成長も
SDG 9	産業と技術革新の基盤をつくろう
SDG10	人や国の不平等をなくそう
SDG11	住み続けられるまちづくりを
SDG12	つくる責任つかう責任
SDG13	気候変動に具体的な対策を
SDG14	海の豊かさを守ろう
SDG15	陸の豊かさも守ろう
SDG16	平和と公正をすべての人に
SDG17	パートナーシップで目標を達成しよう

図1-1　SDGs17目標のロゴ

困，農業，保健，教育，ジェンダー，衛生は最近では日本のような
先進国の課題としても再登場している。したがって，すべての目標
が先進，途上国を問わずユニバーサルな開発目標であると言うこ
とができる。

☀ SDGsの理念

　SDGsを理解するのに17の目標それぞれについて知ることは大切なことではあるが，その背景にある基本理念を理解することの方がより重要である。「公正」「共生（包摂）」「循環」という三つの理念について正確に理解しておくことが，SDGsの本質的な理解により近づくし，また将来的な応用にも役立つ。

　第一に「**公正（equity）**」という理念が強調されるようになったのは1992年の地球サミット以来である。「持続可能な開発」において「世代間の公正」と「世代内の公正」という二つの公正が大切である（17頁参照）。それまでは「平等（equality）」という考え方が主流であった。公正と平等はどう違うのであろうか。例えば，地球温暖化問題においてすべての国がその人口比で「平等」に二酸化炭素（CO_2）を削減することにしたら，発展途上国側から猛烈な反対意見で出るであろう。なぜならば，先進工業国は先に経済発展してCO_2を大量に排出して，現在の豊かな生活を享受しているからである。途上国にしてみれば，国内に深刻な貧困をかかえているうえに，CO_2対策までさせられて経済発展を阻害されるのは「公正」ではないと主張するであろう。

　2016年には先進国も途上国もすべての国が参加したうえで地球温暖化対策を行うための「**パリ協定**」が策定された。その際強調されたのが「**共通だが差違のある責任**」という公正の原則に基づいた温暖化対策のあり方であった。

　SDGsの概念で公正と並んで重要なのが「**共生・包摂**」である。包摂は英語のinclusionの訳ではあるが，私たちの日常用語ではない。包摂の対語は「排除（exclusion）」であるので，包摂よりも「共生」と訳したほうが適切であることが多い。SDGsのスローガンは

「**誰一人取り残さない**（No one is left behind)」である。この場合，取り残されがちな人々として例示されているのが「女性，子ども，障害者，高齢者，移民・難民，先住民族」などである。共生・包摂は，SDGs を国や地域レベルで具体化する際に，最初に考慮すべき考え方である。

第三に環境系の目標を理解するうえで大切なのが「**循環**（circulation）」という考え方である。環境破壊の原因は自然の循環を切断してしまったことにある。プラスチックごみがなぜ問題になっているかというと，それがきわめて分解されにくく，そのままの状態で長年海中に漂ってしまうからである。地球温暖化の原因となっている CO_2 は，石油や石炭などの化石燃料を大量に燃やし続けたために増加した。そもそも化石燃料は生物の死骸が数億年も海底に堆積して生成されたものである。それを短期間に大量に空中に放出してしまった。本来であれば，植物が CO_2 を酸素に還元してくれるので，自然の循環が成り立つはずなのであるが，熱帯林などの大量伐採で酸素への還元が追いつかず，空気中の CO_2 濃度が上昇し続けているのである。

日本政府の対応

SDGs は国連の目標ではあるが各国政府のみならず，地方自治体，企業，労働組合，NGO/NPO，教育界などのあらゆるセクターの参加を求めている。日本の各セクターはどのように反応し，対応しているのであろうか。まず，政府の対応からみていこう。

日本政府は SDGs の策定過程において国連の場で積極的に発言してきた。例えば，保健分野での SDG3.8〈ユニバーサル・ヘルス・カバレッジ〉は，日本の国民皆保険の経験と実績に基づき一項目と

して提案し，採用されたものである。政府は全省庁が集まる会議を設けて協議し，2016年12月22日に**持続可能な開発目標（SDGs）実施指針**」を発表した。

　日本として「持続可能で強靱，そして誰一人取り残さない，経済，社会，環境の統合的向上が実現された未来への先駆者を目指す」ことを SDGs 実施計画のビジョンとして掲げている。そして，五分類の八分野で具体的な政策を掲げている。五分類とは，国連の SDGs 決議にある **5 つの P**―People（人間），Planet（地球），Prosperity（繁栄），Peace（平和），Partnership（パートナーシップ）である。

　〈人間〉では「あらゆる人々の活躍の推進」と「健康・長寿の達成」，〈繁栄〉では「成長市場の創出，地域活性化，科学技術イノベーション」と「持続可能で強靱な国土と質の高いインフラの整備」に関する施策を掲げている。さらに，〈地球〉では「省・再生可能エネルギー，気候変動対策，循環型社会」と「生物多様性，森林，海洋等の環境の保全」，〈平和〉では「平和と安全・安心社会の実現」，〈パートナーシップ〉では「SDGs 実施推進の体制と手段」についての具体的な施策を発表している。直接 SDGs に関係する事業として，企業や団体等の先駆的な取組を表彰する『**ジャパンSDGs アワード**』が創設された。

　日本政府の SDGs 施策は，"現在各省庁が行っている事業や施策の寄せ集めであり，SDGs の各目標にタグ付けしたにすぎない"という批判がある。SDGs が求める「世界を変革する」施策としてはそれほど独自性があるとは思えない。ドイツのベルテルスマン財団と持続可能な開発方法ネットワーク（SDSN）が共同で発表した2016年の報告書では，日本として従来の取組が弱いと指摘された分野に，貧困，ジェンダー，エネルギー，気候変動，海洋資源，陸上

資源，実施手段の7目標があった。これらの分野において日本はより一層取組を強化する必要があるとされていた。

　政府の施策でとくに問題と考えられるのは，SDGsの最大の目標である「**貧困撲滅**」に関する施策である。貧困に関しては，「子どもの貧困対策の推進」が掲げられているのみである。SDG1.2には，"各国定義による貧困を2030年までに半減させる"というターゲットがある。日本においては相対的貧困率が16％（2016年時点）であるのだから，これを2030年までに8％まで縮小させるための政策こそがとられるべきであろう。子どもの貧困問題は，家庭の貧困問題そのものであり，その解決のためには，雇用，福祉，ジェンダー，教育，地域づくりなどSDGsの多くの目標に関わる施策と事業が必要である。

地方自治体の対応

　SDGsの目標には地方自治体レベルで対応すべき課題が数多くある。SDG11〈持続可能なまちづくり〉のみならず，貧困，健康，教育，衛生，雇用，環境などSDGsのすべての目標が地方自治体が関係していると言ってもよいくらいである。

　日本社会の持続可能性を考えるとき少子高齢化が大きな課題であり，とりわけ地方にとって深刻な問題である。この問題を解決すべく政府は地域活性化のための事業として2014年度から**地方創生事業**を進めてきた。これに先駆けて2011年度からは環境・社会・経済を統合した先進的なモデル都市づくりを行う「環境未来都市」構想が立ち上がっていた。さらに2018年度からはこれを引き継いで「**SDGs未来都市**」事業が始まっている。

　SDGs未来都市では，地域の独自性の開拓とそれによる地域活性

化，社会的包摂（誰一人取り残さない），国際的な動向との連携，環境・社会・経済政策の統合，住民の生活の質の向上などがキーワードとなっている。SDGs 未来都市には北海道下川町，北九州市，横浜市など全国29の自治体が選定された。また，従来から琵琶湖の環境問題などに成果をあげてきた滋賀県も，独自に SDGs への取組を始めている。

　SDGs 事業は役所主導では「持続可能」とはならない。町内会・自治会，地元企業，NPO，教育機関などとの連携が欠かせない。そのためには，住民の意識向上と参画が必要となる。滋賀県近江八幡市では自治体レベルでの推進本部を2017年に立ち上げ，自治体が地域の市民社会や青年会議所などを巻き込みながら取組を進めていく実践事例がみられる。また，地域レベルの ESD（持続可能な開発のための教育）を行う拠点として，社会教育・生涯学習の振興も大切な課題である。「まちづくり」には「ひとづくり」が要となるからである。岡山市は国連 ESD の10年のときから，社会教育施設である公民館を基盤として学校，自治会，NPO，企業の連携による地域づくりを行っていて，それを発展する形で環境，国際交流，世代間交流にまたがる SDGs 事業を行っている。

　札幌市では SDGs への貢献の視点を反映した環境基本計画の改訂作業を進め，**環境省**や北海道大学らと共催して，SDGs をテーマとする持続可能な地域づくりを模索している。いっぽう，同市の NPO が主唱して市民の参加により『SDGs─北海道の地域目標をつくろう』という提言集をまとめた。そのなかには，北海道で深刻な貧困問題やアイヌの課題などが含まれている。

　愛媛県の内子町は人口１万8000人の小さな町であるが，SDGs の採択後いち早く町内でのワークショップを開催し，町民や自治体職

員，研究者，NGO/NPO 関係者らが地域レベルでの取組についての検討を始めた。同町では，SDGs を踏まえつつ，「町並み，村並み，山並みが美しい，持続的に発展するまち」を町の将来像に据え，少子高齢化による人口の急減や農林業の衰退など，深刻な課題をかかえつつも，時代の変化に対応しながらいつまでも住み続けられる町を目指して各種事業に精力的に取り組んでいる。

産業界の対応

　日本の産業界は MDGs についてはあまり興味を示さなかったが，SDGs については多大な関心をもっている。その理由のひとつは，SDGs が途上国だけでなく世界共通の目標であり日本社会にとっても大きな意味をもっているからである。企業が SDGs に関心を示すことは，企業イメージの向上のみならず，新たなビジネスチャンスともとらえられている。2015年のある調査では，SDGs によってもたらされる市場規模は世界で年間12兆ドル（約1320兆円）にものぼると推測されている。

　産業界では最初にこれまで **CSR**（企業の社会的責任）に熱心であった企業や，**グローバル・コンパクト**に加盟している企業を中心にSDGs への取組が見られた。CSR とは，企業も「一市民」として社会貢献するという考え方である。これまでにも地域社会の催しや環境保護事業に対して寄付や助成を行ったり，企業の社員がボランティアとしてそれらの活動に参加してきた。また，企業の法令遵守の徹底や，ジェンダー平等や障害者雇用の促進も CSR に含まれる。

　SDGs の採択直後の2015年 9 月には，SDGs をテーマに未来の社会を洞察し企業の変革とイノベーションを促すビジネス開発プラットフォーム「OPEN 2030 PROJECT」が発足した。同プロジェクト

は，研究組織，省庁，自治体，企業，NGO/NPO，社会起業家など多様な価値観をもつステークホルダーと協働しながら「事業開発コンサルテーション」「共創事業ラボ」プログラムを提供している。

グローバル・コンパクトは国連が主導した組織で，人権の保護，不当な労働の排除，環境への対応，そして腐敗の防止に関わる10の原則に賛同する企業の集まりである。日本の組織は2003年に発足して，2011年には一般社団法人となっている。2023年9月現在，574の企業・団体が加盟している。12の分科会で活動しているが，そのひとつがSDGs分科会で，日本企業がSDGsに取り組むための方策を研究し，普及活動を行っている。

ESG投資という考え方も出てきた。これまでは，財務状況や業績などの経営状況を示すデータをもとに投資先を決定するのが一般的であった。ESG投資とは，環境（Environment）・社会（Social）・ガバナンス（Governance）要素も考慮した投資のことを指す。投資にESGの視点を組み入れることなどを原則として掲げる国連責任投資原則（PRI）に，日本の年金積立金管理運用独立行政法人（GPIF）が2015年に署名したことを受け，ESG投資が広がった。2017年にはGPIFが1兆円規模のESG投資を行い，これを3兆円まで伸ばすことを表明している。

実際，企業が行い得るSDGs関連活動の範囲は広く，CO_2排出量の少ない製品開発，企業が保有している森林の活用，リサイクルの推進，水資源の節約，宅地開発などにおける環境配慮，子育て支援・介護支援，防災・減災への協力など多岐にわたっている。

NGO/NPO（市民社会）の対応

SDGsの策定そして推進にとって**NGO/NPO**が果たす役割には

大きなものがある。NGO（非政府組織）とは国連での協議資格をもつ民間活動を行う団体のことであるが、日本ではこの用語が導入された経緯から国際協力に関わる民間団体を表すことが多い。NPO（非営利団体）とは福祉、教育、まちづくり、宗教、労働など広範な民間公益活動団体を指す。NPOは狭義には法人格をもった団体のみを指すこともある。いずれにしろ私たち一般市民が参加することができる市民団体のことである。

　NPOは、MDGsのときから積極的に活動してきた。2009年には国内の78のNPOが参加して「**動く➡動かす**」という団体を設立した。MDGsの目標達成とりわけ貧困撲滅のために活動してきた。2011年には政府がODA（政府開発援助）額を1000億円削減するという方針を打ち出したが、これに抗議して、その結果削減額を半分にさせるという成果も上げている。

　SDGsが2016年に国連で策定されると、「動く➡動かす」を発展的に解消して、同年新たに「**SDGs市民社会ネットワーク（SDGsジャパン）**」が100団体によって発足した。SDGsジャパンは「『誰一人取り残さない』というSDGsの理念に則り、すべての人々が、貧困がもたらす生命や生活の危機及び社会的排除から解放され、人間として尊厳をもって生きることのできる、経済・社会・環境の3側面が統合された持続可能な世界の実現に寄与すること」を目的としている。SDGsジャパンは具体的には、①SDGs達成のための政策提言、②SDGsの広報・普及啓発、③市民社会と民間企業、政府、研究機関、国際機関などとの連携、④SDGs達成のための調査・研究、といった活動に取り組んでいる。

　日本政府のSDGs実施指針が2023年に改定されることを受けて、SDGsジャパンは「SDGs達成に向けた日本の課題と目標」と題す

る提言書を2022年10月に発表した。そのなかで，日本の課題がどこにあるのか，また目標とのギャップはどの程度なのかを認識できるようなデータ統計が必要であることを強調している。例えば，SDG1.2のグローバル指標の「各国の貧困ラインを下回って生活している人口の割合（性別，年齢別）」について，厚生労働省や総務省が発表している日本の貧困率を参考に代替指標もしくは国内指標を設定することを求めている。なぜなら質の高いデータをもとに脆弱な立場に置かれている人々を特定し，平均値や総数のデータからは見えない「取り残された人々」のための取組につなげることが重要であるからとしている。

第1章　参考資料
国際連合広報センター「持続可能な開発目標」https://www.unic.or.jp/activities/economic_social_development/sustainable_development/sustainable_development_goals/〈最終閲覧2023.9.1.〉
田中治彦・三宅隆史・湯本浩之編（2016）『SDGsと開発教育—持続可能な開発目標のための学び』学文社
蟹江憲史（2020）『SDGs（持続可能な開発目標）』中公新書
南博・稲葉雅紀（2020）『SDGs—危機の時代の羅針盤』岩波新書
西あい・湯本浩之（2017）『グローバル時代の「開発」を考える—世界と関わり共に生きるための7つのヒント』明石書店
田中治彦・枝廣淳子・久保田崇編（2019）『SDGsとまちづくり—持続可能な地域と学びづくり』学文社
SDGs市民社会ネットワーク（2017）『そうだったのか。SDGs』SDGs市民社会ネットワーク
関根久雄編（2021）『持続可能な開発における〈文化〉の居場所』春風社

第2章　持続可能な開発（SD）とは何か？

　SDGsの直接の起源となっているのは，「**持続可能な開発（SD：Sustainable Development)**」という理念と，それを国際公約として採択した1992年の「**国連環境開発会議（地球サミット)**」である。さらに，1990年代には世界人権会議，国連人口会議，世界社会開発サミット，北京女性会議，国連人間居住会議と大きな国際会議が続いた。これらの会議を通して，持続可能な開発を構成する平和問題，開発問題，環境問題，人権問題が相互に密接に関連している課題であるという認識が深まり，それらを地球的諸課題として同時に解決することこそが今後の世界に平和をもたらすものであると考えられた。それらの国際会議には政府代表のみではなく，民間から**NGO/NPO**が参加して会議に影響力を及ぼした。

ブルントラント委員会報告書

　持続可能な開発目標（SDGs）にある「持続可能な開発」という用語が登場するのは，1987年の**ブルントラント委員会報告書**『我々の共通の未来（Our Common Future)』である。ブルントラント委員会は，1984年の国連総会決議に基づいて設立された世界委員会で，正式には「国連環境と開発に関する世界委員会」である。この委員会は2000年以降の「持続可能な開発」を達成するための戦略を策定するという責任を負っていた。21カ国の著名な学識経験者や政治家などで構成され，委員長はノルウェー首相グロ・ハーレム・ブルントラント，日本からは元外相の大来佐武郎が参加した。

　報告書では，二酸化炭素（CO_2）などによる地球温暖化，フロンガスによるオゾン層の破壊，酸性雨，砂漠化，有害廃棄物，森林破

壊などの地球規模で発生している環境問題を扱っている。環境問題とその対策のみを強調されることを懸念していた開発途上諸国にも受け入れ可能なように，環境保全と開発を対立するものではなく，両者を調和させ，将来の世代の経済発展の基盤をそこなわないような開発を目指す必要性が強調された。「持続可能性」という考え方は，1980年の自然保護に関する報告書である「世界自然資源保全戦略」において使用されていた。同報告書は，国連環境計画（UNEP），国際自然保護連合（IUCN），世界自然保護基金（WWF）の協力で策定されたものである。

　「持続可能な開発（SD）」は，「将来の世代のニーズを満たしつつ，現在の世代のニーズを満たすような開発」と定義をされた。先進国と開発途上国の双方で持続可能性を追求することが求められていて，現在世代と将来世代とが資源や環境などを分かち合う「世代間の公正」と，経済格差や南北格差など現在世代内の格差の解消を目指す「世代内の公正」の二つの「公正」が強調された。持続可能な開発を実現するための目標設定を国際的に行うことと，その実現に向けてステークホルダー（国際機関，国家，企業，地方自治体，NGO/NPO，市民，宗教団体など）の連携による包摂的な取組の重要性が示された。具体的には，以下のような7つの目標が設定された。

(1) 経済成長の復活
(2) 経済成長の質の変更
(3) 仕事・食物・エネルギー・水・衛生設備などの基本的ニーズの充足
(4) 人口の伸びを持続可能なレベルに確保すること

(5) 基本的資源の保全と拡充をはかること

(6) 技術を方向づけ，危険に対処すること

(7) 意思決定において環境と経済を融合させること

国連環境開発会議（地球サミット）

1992年6月にブラジルのリオデジャネイロで開催された**国連環境開発会議（地球サミット）**は，1990年代の一連の国際会議のなかでも重要度が高く，環境問題と開発問題が統一的に議論された点でSDGsに至る直接のルーツともなっている。地球サミットは，最初の環境問題の国際会議である**国連人間環境会議**（ストックホルム会議）の20周年を機に開催された。会議には100余カ国の元首を含む約180カ国が参加した。また，企業，NPO，地方自治体からも多数が参加した。

この会議では「持続可能な開発（SD）」に向けた地球規模での新たなパートナーシップの構築のための「開発と環境に関するリオデジャネイロ宣言（**リオ宣言**）」や，この宣言の諸原則を実施するための行動計画である「**アジェンダ21**」そして「**森林原則声明**」が採択された。また，別途協議が進められていた「**気候変動枠組条約**」と「**生物多様性条約**」への署名が開始された。「リオ宣言」では，1972年のストックホルム会議で採択された人間環境宣言を再確認して，1987年の

ブルントラント委員会『我々の共通の未来』

ブルントラント委員会報告書『我々の共通の未来』で提起された「持続可能な開発」の概念を基本とすることを確認している。また，「アジェンダ21」とは21世紀に向けて持続可能な開発を実現するための具体的な行動計画で，人口問題，砂漠化防止，大気汚染防止，魚種枯渇の防止，有害物質の安全管理の促進，居住環境などの幅広いテーマが盛り込まれていて，後の国際会議でも継続して議論されることになる。行動計画は，持続可能な開発の達成に貢献する主要なグループ，すなわち女性，労働組合，農民，子どもと若者，先住民族，学術団体，地方自治体，企業，産業界，NGO（非政府組織）が果たす役割を強化するための方策も勧告している。

　気候変動枠組条約は，155カ国が署名して採択された。これは先進国と途上国の間に「**共通だが差異のある責任**」を認識しながら，温室効果ガス等の排出抑制や吸収源保全などにより，温室効果ガスを1990年の水準に回復させることで地球温暖化を防ぐことを目的としている。また「**生物多様性条約**」は，生物の多様性を包括的に保全するとともに，生物資源を持続的に利用するための国際的な枠組みであり，遺伝資源から生ずる利益の公正かつ衡平な配分を目的としている。さらに「**森林原則**」が声明の形で発表された。森林保全・回復及び持続可能な経営に向けた各国の努力や国際協力などについて協議していて，森林関係では初めての世界的な合意文書になる。自国資源に対する利用制限を危惧する途上国などの反対も強く，条約の締結には至らなかった。

　日本ではアジェンダ21を受けて，1993年に**環境基本法**が制定され，1994年には国の環境基本計画が策定された。地方自治体はローカルアジェンダの策定に取り組み，2002年末までにすべての都道府県，196の市町村が策定した（名称は，環境基本計画，環境行動計画，

地球環境保全計画など）。**環境教育**に関しては，アジェンダ21の「第36章　教育，意識啓発及び訓練の推進」において扱われていて，「教育は持続可能な開発を推進し，環境と開発の問題に対処する市民の能力を高めるうえで不可欠である」と述べられている。文部省は，地球サミットに前後して，『**環境教育指導資料**』（中学校・高等学校編，小学校編，事例編）を発行して，学校教育における環境教育の推進を図った。これにより，日本においてはすべての公立学校において何らかの環境教育が実施されることになる。

万人のための教育世界会議

　1990年代最初の大きな国際会議は1990年3月にタイのジョムティエンで開催された「**万人のための教育世界会議**（World Conference on Education for All）」であった。これは「基礎教育の拡大」というテーマで，ユネスコ，ユニセフ，UNDP（国連開発計画），世界銀行，UNFPA（国連人口基金）が共催で開いた教育国際会議である。

　開発途上国の発展の基礎は教育にあるということで，ユネスコは1959年にパキスタンのカラチにおいて初等教育の整備を中心とした「**カラチ・プラン**」を採択した。これは1980年までに最低7年間の無償義務教育を実現するという目標であった。当時の教育は経済開発のための手段と考えられていて，工業化の推進と国民統合のための基礎教育に重点が置かれていた。1960年当時においては，途上国では学齢児童（6〜11歳）で小学校に就学していたのは50%以下であったが，20年間の努力の結果，1980年においては小学校で学ぶ子どもがラテンアメリカとアジアで2倍，アフリカで3倍に増加した。それでも開発途上国全体では約3分の1が未就学であった。その後，1980年代には途上国の債務危機，経済危機を解消するため

に，IMF（国際通貨基金），世界銀行などがマクロ経済運営の論理に基づく「**構造調整政策**」を行った。教育，福祉予算は大幅に削減されて，貧しい人々の生活を直撃し深刻な影響を与えた。アフリカでは就学率が減少に転じて，教育の質も低下した（91頁参照）。

　会議で採択された『万人のための教育世界宣言』の前文では，「教育が世界のすべての年齢のすべての男女の基本的権利であること」が確認された。宣言によれば，「1億人以上の子どもが初等教育を受けられず」，しかも「少なくとも6000万人の女子が含まれている」。また，「9億6000万人以上の成人（その3分の2が女性である）が非識字者である」と指摘された。宣言が，教育は経済開発の手段ではなく，人間としての基本的な権利（人権）であることを確認したことに意義があった。

　この会議で画期的なことは，『行動のための枠組み』を採択して，2000年までの数値目標をあげ，単なる一般的な努力目標に終わらせないためのしくみがつくられた点である。この方式は，後のMDGs や SDGs のターゲットにも引き継がれる。具体的には，到達すべき目標として6項目が設定され，2000年までに「初等教育のアクセスと修了の普遍化」及び「成人非識字の半減」という明確な数値目標が示された。また，女子や女性に対する教育の充実が協調され，幼児教育・就学前教育の重要性にも言及された。

　ジョムティエン世界教育会議は，「失われた10年」とされる1980年代の教育の後退を取り戻すための大きなきっかけをつくった。また，各国政府と国際援助機関，さらには二国間援助機関や NGO などの広範な国際教育関係者が基礎教育を推進するという共通目的を共有するきっかけとなった。さらに，教育を開発課題の無視できない重要な側面として表舞台に引き上げ，その後の国際会議などの中

心議題として取り上げさせた。例えば，女子・女性に対する教育については，社会開発サミット，北京女性会議などでも重点課題として議論されている。SDGs においても教育はすべての目標達成に必要な要素とされている。

国連世界人権会議

　国連世界人権会議は，世界人権宣言45周年を記念して1993年６月にウィーンで開催された。171カ国の代表と800の NGO など，併せて約7000人が出席した。同会議は1968年にテヘランで開かれた「人権に関する国際会議」に続くものである。

　人権問題については1948年に**世界人権宣言**が出されたものの，その後の人権擁護の実態は厳しいものであった。とくに，各国政府は国内に人権問題をかかえていて，ときとしてそれは深刻な問題であることもあり，国連における人権擁護のための枠組みづくりは遅々として進んでいなかった。当時，国連で人権問題を扱う機関は経済社会理事会（ECOSOC）のなかの国連人権委員会であった。しかしながら，その年間予算は NGO であるアムネスティ・インターナショナルよりも少ないというような状況であった。

　会議では，人権侵害が行われている特定の国または場所には言及しないこととされた。現に紛争が起こっている**ボスニア・ヘルツェゴビナ**，アンゴラ，リベリアや人権侵害が批判されている中国，キューバなどは議論の対象とはならないことになった。人権侵害は抽象的にしか議論されないこととなる。これに対して，参加した人権 NGO からは大きな批判がおき，会議場の内外で世界各地での具体的な人権侵害を訴えるアピールが行われた。

　会議において最も対立したのは人権が普遍的なものであるかどう

かであった。基本的人権は普遍的だとする先進諸国と，各国・地域の特殊性や歴史・文化・宗教的背景を考慮すべきだとする発展途上国の主張が厳しく対立した。人権に普遍的な定義を与えようとすることは内政干渉にあたるという趣旨である。後者のグループを主導したのは，中国，シリア，イランであり，シンガポール，マレーシア，インドネシアなどのアジアの多くの国もこれに加わった。米国の代表はこれに対して「文化的相対主義が抑圧の最後の隠れ家となることを許すことはできない」と主張した。会議の最終文書である**「ウィーン宣言」**では双方の主張を妥協させ，人権の促進と保護を国際社会の最優先課題としながらも，国家や地域の特殊性や歴史的・文化的・宗教的な背景へ留意することも盛り込まれた。

　ウィーン宣言及び行動計画については人権問題に日々取り組んでいる NGO 側からの評判は芳しくない。しかし，いくつかの点において進展を示したことも確かである。その一つは，民主主義，経済成長と人権との相互依存性を打ち出したことである。とくに，社会権（経済的，社会的，文化的権利）と自由権（市民的，政治的権利）とを峻別する冷戦時代の考え方から，人権は不可分であり，相互に依存していて，相互に関連しているという考え方への転換が行われた（115頁参照）。また，当時は**子どもの権利条約**採択（1989年），国際先住民年（1993年），北京女性会議（1995年）へとつながる時期で，子ども，先住民族，女性の権利について注目が集まり，それらの権利確立の動きにはずみをつけた。目に見える成果として1993年12月の国連総会で「女性に対する暴力の撤廃に関する宣言」が採択された。

　行動計画では，低予算に苦しんでいた国連人権センターへの財政支援が要請された。さらに，国連人権高等弁務官が設置されること

になった。2006年には国連総会決議により，人権委員会が改組されて人権理事会へと格上げされた。

🌅 国際人口開発会議

国際人口開発会議は，国連が1994年9月にエジプトのカイロで開催した国際会議である。世界の**人口問題**に関する国連主催の政府間会議としては，1974年のブカレスト会議（世界人口会議），1984年のメキシコ会議（国際人口会議）があり，それに続くものである。産業革命以来，世界の人口は徐々に増え始めて，1950年に25億人であった人口は，わずか37年後の1987年には倍の50億人に達している。アジア・アフリカ地域などの開発途上国での急速な人口増が問題とされていた。1974年の会議では，人口が増加すると資源の消費が増え，さまざまな生産が追いつかなくなり，その結果，食糧や水，資源，住宅，雇用などの不足を引き起こし，貧困や経済格差の悪化がもたらされると考えられていた。

人口増加が顕著にみられる途上国には貧しい家庭が多く，労働力の確保が子どもを増やす理由の一つにもなっているため，貧困と人口増加の悪循環が発生していた。多くの開発途上国が，出生率を下げて人口増加を抑制するための家族計画プログラムに力を入れた。しかし，こうした人口増加抑制政策は女性を管理する手段となりがちであった。導入された家族計画プログラムには，成果を急ぐあまり，貧困層に対して十分な説明もなく金銭的あるいは物質的なインセンティブを与えて，強制的・半強制的避妊や不妊手術，中絶を行うなど女性のニーズはおろか，人権や尊厳を無視した行き過ぎたものも少なくなかった。

これに対して，1970年代以降のフェミニズム運動の高まりととも

に，性と生殖に関する女性の選択権を求める声が高まっていく。開発途上国の女性からも，個人の意思もニーズも無視した人口増加抑制政策に対する強い反発が起きていた。こうした動向を受けて，カイロ会議では**リプロダクティブ・ヘルス／ライツ**（性と生殖に関する健康／権利）の促進と，女性の**エンパワーメント**（地位や能力の向上）という二つの概念が前面に打ち出された。リプロダクティブ・ヘルス／ライツの中心課題には，いつ何人子どもを産むか産まないかを選ぶ自由，安全で満足のいく性生活，安全な妊娠・出産，子どもが健康に生まれ育つことなどが含まれている。言い換えれば，人々が政治的・社会的な影響を受けずに「子どもをもつ」「もたない」を決める自由をもち，自分の子どもの数，出産間隔，出産する時期を自由に決定でき，そのための健康を享受できること，またそれに関する情報と手段を得ることができる権利のことである。

　会議では，人口妊娠中絶をめぐって米国・EU グループとカトリック・イスラム諸国グループとの厳しい意見の対立があった。最終的には文書の表現の変更などの妥協が諮られ，「行動計画」が策定された。カイロ会議で採択された「行動計画」は2015年までの20カ年計画という野心的なもので，次のような項目の実現を目指していた。

① 家族計画とセクシュアル・ヘルスを含む，良質かつ金銭的に受入れ可能なリプロダクティブ・ヘルス・サービスへの普遍的アクセス

② 乳幼児及び妊産婦死亡率の大幅削減

③ 男女間の公平と平等及び女性のエンパワーメントを確保するための幅広い措置

④ 初等教育への普遍的アクセス

⑤ 教育における「男女間格差」の是正

　これらの目標は，後の MDGs に引き継がれることになる。

世界社会開発サミット

　「**貧困の撲滅**」は人類社会の悲願でもある。1990年当時，世界人口約52億人のうち 5 人に 1 人にあたる10億人以上が絶対的貧困の状態にあると推定されていた。絶対的貧困とは，日々の衣食住といった最低限の生活レベルを欠く状態である。1970年代までは，"貧困を解消するためには経済成長が必要である"という考え方が主流であった。ところが，経済成長は必ずしも貧困の撲滅にはつながらないことが明らかになった。すなわち，経済成長の果実が富裕層に蓄積して逆に貧富の格差を拡大させるケースがあるからである。これに対して1980年代には貧困の撲滅のためには経済開発のみでは不十分で，社会開発こそが肝要であるという考え方が認められるようになった。経済開発が主に鉱工業を中心とする産業面での開発を指すのに対して，社会開発は食料，住居，保健医療，教育，社会福祉などの社会面での基盤整備を指す用語である。

　1990年代の社会開発をめぐる議論にきわめて大きな影響を与えたのが UNDP（国連開発計画）などで提唱された「**人間開発**」の概念である。UNDP は，1990年に『**人間開発報告書**』を創刊し，従来の経済成長中心の開発に代わる新たな開発概念として「人間開発」を打ち出した。さらに，UNDP は『人間開発報告書』において，1 人当たり GDP といったそれまでの経済面に偏った開発指標に代わるものとして，平均寿命（健康）と就学率（教育）という社会指

標を加えた人間開発指標（HDI）を併せて提示した。ちなみに，1990年でHDI指数が最も高かったのは日本である（2022年は19位）。

世界社会開発サミットは，1995年１月にデンマークのコペンハーゲンで開かれた国連主催の首脳会議である。貧困撲滅，完全雇用，社会統合をテーマに，134カ国の首脳が出席し，「社会開発のためのコペンハーゲン宣言」を採択した。宣言は10項目にわたるが，最初にくるのが「各国が設定する目標期限までに絶対的貧困を根絶すること」である。つぎに，貧困をなくすためには働き場所が必要であるとして「完全雇用を基本的政策目標として位置づけること」があげられている。そして，貧困層には社会的に差別され，取り残されている人々が多いことから三番目に「あらゆる人権の強化と保護に基づき，社会的統合を推進すること」が掲げられる。さらに，「男女間の平等と公平の達成」「アフリカ及び後発開発途上国の開発」「教育及びプライマリー・ヘルスケアへの普遍的かつ平等なアクセス」といった項目が続く。

さらに，**社会開発**に割り当てられる資源を増大させることとして，具体的に「社会開発のための20／20協定」が申し合わされた。これは，人間開発のために優先されるべき社会開発分野（基礎教育，基礎保健，飲料水，家族計画等）に開発途上国は国家予算の20%を，先進諸国は**ODA**の20%を支出することを申し合わせたものである。これらの項目や数値目標を設定する方式は，ミレニアム開発目標やSDGsにも引き継がれる。

北京世界女性会議

1990年代の一連の国際会議のなかで最も参加者が多く熱気が高かったのが1995年９月に北京で開かれた第４回**世界女性会議**であ

る。会議には189の国家代表が集まり，正式参加者だけで約１万7000名が参加した。また会議に合わせて NGO フォーラムが開かれて，5000以上のワークショップが行われ，３万人超が参加した。日本からも約5000人の女性が参加した。この会議は，1975年の国際婦人年の起点であるメキシコシティ会議，1980年のコペンハーゲン会議，1985年のナイロビ会議に次ぐ４回目の国連世界女性会議である。北京会議のスローガンは「平等，開発及び平和のための行動」であり，最終的に「北京宣言」及び「行動綱領」が採択された

　行動綱領では，貧困，教育，健康，女性への暴力，紛争，経済構造政策，権力，女性の進出，人権，メディア，環境，少女の12分野に関する綱領が策定され，この綱領を実現するため女性のエンパワーメントの必要性が強く主張された。また「**ジェンダー**」という用語が初めて公式に使われた。会議の成果は多岐にわたるが，次の７点が重要である。

　第一は**ジェンダー主流化**であり，これは女性政策のみではなく，あらゆる政策・プログラムがジェンダー視点に立って策定されることを強調する考え方である。すなわち，あらゆる政策の計画・実施・評価のすべての段階において政策担当者は社会的・文化的につくられた性差があるということを常に頭に置き，一方の性が差別を受けることのないように配慮しようというものである。ジェンダー主流化は，女性政策を一般政策へと普遍化したことに意義がある。

　第二に北京行動綱領は，とくに少女に焦点を当てた最初のグローバルな政策文書である。1990年８月に発効した「子どもの権利条約」は子どもの権利擁護全般を掲げているが，北京行動綱領は少女の権利をさらに明確にしている。少女が子ども時代を通して差別を受けていること，そして彼女たちの権利を守る必要があることが明

文化された。

　第三に，女性に対する暴力根絶を取り上げたことである。行動綱領は，職場，教育機関などでのセクシャルハラスメントに取り組む戦略の策定などを求めている。これは後にセクハラや性的暴行などの性犯罪被害の体験をSNS上で告白・共有する「#MeToo運動」などにもつながった。

　第四に，マイノリティ女性についての言及がなされた点である。それまで，ジェンダー問題と民族・人種などの問題は別々に議論されてきた。しかし，女性であるということ以外の理由でさらなる差別を受けている女性がいるということが北京女性会議において明言された。

　第五に，自然保護や気候変動対策における女性のリーダーシップの強化についてである。行動綱領は環境問題における女性のリーダーシップに光を当て，女性が男性と平等に参加することが，よりよいガバナンスや環境保全につながることを明確にした。

　第六は，1994年の国際人口開発会議で提唱された「リプロダクティブ・ヘルス」「リプロダクティブ・ライツ」が綱領のなかに明記されたことである。

　第七に，女性のリーダーシップである。女性，少女の社会的政治的能力を十分引き出すこと，すなわち**エンパワーメント**が持続可能な開発を達成するうえで欠かすことができない，という考え方を生み出した。世界的にみても女性の政治家は少ないため，法によって一定率の女性議員を確保する「ジェンダークオータ制」が提唱された。

　日本では，男女共同参画審議会が1996年7月に「男女共同参画ビジョン」を答申した。これを受けて，1999年に**男女共同参画社会基**

本法が制定されることになる（117頁参照）。

国連人間居住会議（ハビタット）

　国連人間居住会議は，都市化する世界における持続可能な人間居住開発をテーマとした国連の会議であり，第 1 回会議は1976年にカナダのバンクーバーで開催され，第 2 回会議が1996年 3 月にトルコのイスタンブールで開かれた。第 2 回会議はハビタットⅡとも称される（**ハビタット**とは「快適な住居」という意味である）。人口の都市集中化によって引き起こされる，住居の確保，飲料水の確保，疫病の予防，スラムの問題，など都市の生活環境全般をテーマとしている。会議の成果として，「人間居住に関するイスタンブール宣言」とそれを実現するための「世界行動計画」が採択された。

　イスタンブール会議では，とりわけ，開発途上国における深刻な都市問題に焦点が当てられた。例えば東南アジアでは，マニラ，バンコク，ジャカルタなどに人口が集中して，スラムの増大，失業者の増加，貧困層の増大，社会的差別，家庭崩壊などが深刻な課題として取り上げられた。それらの地域では上下水道など基本的なインフラが欠如し，学校，病院などの社会サービスが欠けている。いきおい，生活上での危険や暴力の増加，居住環境の悪化，災害への抵抗力の低下といった一連の問題を引き起こしている。

　イスタンブール宣言では，農村と都市の開発の相互依存性に言及して，農村地域での適切なインフラ，公的サービスの拡充，雇用機会の創出に力を入れるべきとしている。それにより，農村部や中小都市から大都市への人口流出を最小限にすることにも取り組むべきとしている。そして，問題解決の中心は人間自体にあり，人権を尊重して，人間自体の行動によりこれらの問題を解決すべきとしてい

る。とりわけ，女性，子ども，若者にとって安全かつ健康な住環境を保証することが重要であると認識された。また，社会的な弱者や不遇者と位置づけられる10億人を超える貧困層，障害者への配慮が求められた。

　地球環境を持続可能にし，人間居住における生活水準を向上させるためには，持続可能な生産と消費，安全な飲料水の確保，廃棄物の管理，交通機関へのアクセス，公害の防止などが必要であり，これらは後のSDGsのターゲットに引き継がれることになる。これらを実現するためにはとりわけ地方自治体の役割が大切であり，地方分権，民主性，透明性，責任性に言及されている。財源の確保が肝要であり，先進国には国際協力によって持続可能な都市づくりを支援することが求められた。1978年に設立された国連人間居住計画（ハビタット）の強化が必要であることが宣言に含まれた。世界に4つある地域本部の一つであるアジア・太平洋地域本部が福岡市に置かれている。

ハンブルグ成人教育会議

　1997年7月にドイツのハンブルグにおいて，ユネスコ主催第5回**国際成人教育会議**が開かれた。会議には130カ国余りの政府機関と国連機関の代表，及び市民団体・財団・研究機関からの参加者を合わせて約1400余名が参加した。会議では，ジョムティエンの教育会議のテーマであった識字教育に始まり，1990年代の一連の国際会議・国連会議の宣言や行動計画を総括する形で，環境，開発，人権，ジェンダーなどの地球的課題群と成人教育の関係と課題について議論された。会議の成果は「成人学習に関するハンブルグ宣言」としてまとめられた。この宣言は，後の持続可能な開発のため教育

（**ESD**）と成人教育との関係を明らかにした重要な文書であり，SDG4.7にそのまま引き継がれている。

ハンブルグ宣言では，冒頭で次のように述べられている。

> 参加者は，人権の最大限の尊重を基礎にした，人間中心の開発ならびに参加型の社会のみが，持続可能かつ公正な開発をもたらしうることを再確認する。もし人類が生き延び，未来の課題に応えようとするのであれば，生活のあらゆる領域において，人びとが情報を得て，効果的に参加できることが必要である。

ハンブルグ宣言は地球的諸課題として，貧困・南北格差の解消，地球環境問題の解決，平和で民主的な社会の達成，被差別者・弱者（女性，障害者，先住民，高齢者など）の権利としての学習の保障を上げている。これらの解決のためには冒頭にあるように人間中心の開発と参加型社会が必要であり，そしてそのためには成人教育こそ必要不可欠であるという基本認識がある。このことは続く第2項により明確に述べられる。

> 成人教育は権利以上のものであり，21世紀への鍵である。それは積極的な市民性の帰結であると同時に社会生活への完全な参加の条件である。それは生態学的に持続可能な開発を育み，民主主義と公正，男女平等，科学的社会的経済的な開発を促進し，暴力紛争が対話と正義に基づいた平和の文化に転換された世界を創るための強力な概念である。成人学習はアイデンティティを形成し，人生に意味を与えることができる。

経済の**グローバリゼーション**の進展は，とくに南の弱い立場の人々により深刻な影響を及ぼした。また，日本のような先進工業国にあっても，貧富の格差を拡大させている（36頁参照）。第2項の後段では「生涯にわたる学習は，年齢，ジェンダー平等，障害，言語，文化的経済的格差といった要因を反映した学習内容への変革を迫っている」として生涯学習の内容論の再考を求めている。成人教育という営みは，弱い立場に立たされた人々が自らを解放するための学習活動，すなわち**エンパワーメント**の手段としても重要である。ハンブルグ宣言は，女性，高齢者，少数民族，先住民・遊牧民，障害者などの「取り残されがちな人々」が学習する権利を保障するための教育施策をとるように各国政府と成人教育関係者に求めている。

　日本では成人教育会議を受けて，開発教育，環境教育，人権教育，ジェンダー教育の代表者らにより，**ef（未来のための教育推進協議会）**が結成された。筆者もその共同代表の一人であった。ef は『市民による生涯学習白書』（1999年）と『NGO/NPO キャンペーンハンドブック』（2002年）を発刊した。後に「国連 ESD の10年（2005―14）」の発足時に，日本での推進組織として ESD-J が組織されるが，ef の活動によってその組織化が比較的スムーズに行われることになる。

市民社会（NGO/NPO）の参加

　1990年代の一連の国際会議においては，政府機関・国連機関のみではなく **NGO/NPO** と呼ばれる市民社会からの参加者の活躍が特徴的である。とくに北京世界女性会議では，市民社会から3万人もが参加して，会議の内容にも貢献した。NGO（非政府組織：Nongovernmental Organization）という用語は，もともとは国連が政府以外の民間団体との協力関係を定めた国連憲章第71号で使用したものである。国連経済社会理事会との協議資格をもつ「**国連 NGO**」は社会福祉団体，労働組合，平和団体，女性団体，青少年団体，経営者団体，宗教団体などを含む広範な概念である。日本では，1980年頃に民間の国際協力団体を指す用語として NGO が導入された経緯があり，ODA（政府開発援助）と対比する形でこの用語が使用されることが多かった。

　いっぽう，**NPO**（非営利団体：Non-profit Organization）は，民間の非営利団体を指す用語である。NPO の対語は営利団体，すなわち会社組織である。NPO には，民間で非営利活動を行う福祉，教育・文化，まちづくり，環境，国際協力などの市民団体が含まれていて，国連で当初使用された NGO とほぼ同じ範囲の団体をカバーしている。日本で NPO の議論が高まったのは，1995年の阪神・淡路大震災以来である。同震災の救援活動に多くのボランティアが携わったことからこの年は「ボランティア元年」と呼ばれた。しかし，個人の集まりであるボランティア団体では寄付金の受け入れのための銀行口座の開設，事務所の賃貸，雇用関係などで不都合が生じていて，市民活動団体・ボランティア団体などに法人格を認める必要性がクローズアップされた。市民活動団体の法人格取得を容易にするため運動が市民団体・ボランティア団体から起こった。その運動の中心となったのは，「シーズ・市民活動を支える制度をつくる会」であった。

　市民団体の法人格を付与する法案は国会の与野党で検討されて，1997年6月に衆議院で「市民活動促進法案」が通過した。しかし参議院自民党で「市民」の語への反発から「市民活動」を「特定非営

利活動」にするなどの修正が加わった後，1998年に**特定非営利活動促進法**が議員立法で提案され，ほぼ全会一致で可決成立した。この法律に基づき法人格を取得した団体を「特定非営利活動法人（NPO法人）」といい，狭義のNPOはこの特定非営利活動法人を指すことがある。

　いずれにしろ，近年の国連会議，国際会議では市民社会を代表するNGO/NPOの存在は欠かせないものとなっていて，国際的な政策づくりに積極的に参加している。現在，作業が進められている国連改革では，国連での協議に市民社会を直接代表するNGOを正式なアクター（行為主体）として参加させる方法が検討されている。

第2章　参考資料

World Commission on Environment and Development (1987), *Our Common Future*, Oxford:Oxford University Press. （邦訳：環境と開発に関する世界委員会編 (1987)『地球の未来を守るために』福武書店）

世界人権会議NGO連絡会編 (1996)『NGOが創る世界の人権―ウィーン宣言の使い方』明石書店

JOICFP「セクシュアル・リプロダクティブ・ヘルス／ライツとは？」https://www.joicfp.or.jp/jpn/know/about_srhr/what_is_srhr/〈最終閲覧2023.9.1.〉

西川潤 (1997)『社会開発―経済成長から人間中心型発展へ』有斐閣

松井やより (1996)『北京で燃えた女たち―世界女性会議'95』岩波書店

日本社会教育学会編 (2005)『グローバリゼーションと社会教育・生涯教育』東洋館出版社

第3章　ミレニアム開発目標（MDGs）

　1990年代は冷戦が終結して，一連の国際会議でグローバルな諸課題について議論され，またNGO/NPOと呼ばれる市民社会がこれらの会議に積極的に関与したこともあり，「世界はよい方向に変えられる」という楽観的な雰囲気が生まれた。新しいミレニアム（千年紀）を目前にした2000年9月，189の加盟国代表の出席の下，**国連ミレニアム・サミット**がニューヨークで開催されて，21世紀の国際社会の目標として国連ミレニアム宣言が採択された。この国連ミレニアム宣言と1990年代に開催された主要な国際会議やサミットで採択された開発目標を統合し，一つの共通の枠組みとしてまとめられたものが**ミレニアム開発目標**（MDGs：Millennium Development Goals）である。

　いっぽう，冷戦後の世界では**ボスニア・ヘルツェゴヴィナ紛争**にみられるように民族間の対立による紛争が各地に起こっていた。2001年9月11日には，ニューヨークの貿易センタービルなどを標的とした同時多発テロが起きた。その背景には，キリスト教文化圏とイスラム教文化圏の対立に加えて，1990年代に急速に進展した経済のグローバリゼーションによる貧富の格差の拡大という要因があった。平和の問題に開発と多文化共生というグローバル課題が密接にからまるという状況が生まれていた。

グローバリゼーション

　1990年代になって急速に進んだのが**グローバリゼーション**と呼ばれる現象である。グローバリゼーションとは，ヒト，モノ，カネ，情報が国・地域という枠組みを超えて活発に移動し，政治，経済，

文化が地球規模で一体化していくことである。地球上の各地点で相互連結性が強まり，遠方からの影響を受けやすくなる。例えば，石油産出国周辺で紛争が起きると，それが石油元売り価格にも反映されてガソリンの値段が上がる。それにより自国の産業に影響を及ぼすことになり，物価や雇用や日常生活全般にたちまち波及するというような現象である。

　グローバリゼーションは経済面では，さまざまなメリットがあるといわれている。先進国の企業が生産拠点を途上国に移すことにより，途上国での雇用の拡大や技術の移転に貢献する。世界レベルでの貿易が拡大するので，より安価な製品が購入できるようになる。貿易や投資の障壁が少なくなるので，世界規模でのビジネス展開が可能となり，新たなチャンスが生まれる，などである。しかし，これらのことはコインの裏表であり，さまざまなデメリットを生じさせる。世界的な価格競争が激化することにより，労働者の賃金が低下したり失業者が増加することがある。企業が生産拠点を移すことにより，主に先進国の産業が空洞化する，また優秀な人材が外国に流出する。労働者が国境を超えて移動することにより，異文化間の摩擦が起きたり，治安が悪化する，というようなことが起きる。また，グローバリゼーションのメリットを享受できる層とそうでない層との間の貧富の格差を拡大させることも大きな問題である。

　経済のグローバリゼーションを象徴するのが1995年に設立された**WTO**（World Trade Organization：世界貿易機関）の設立である。WTO の前身は，**GATT**（関税と貿易に関する一般協定）である。GATT は第二次世界大戦の引き金のひとつとなった保護主義的なブロック経済に対する反省から，自由貿易実現のため一定のルールを設けようと1948年に発効した国際協定である。世界の貿易上の障壁

をなくし，貿易の自由化を促進するために行われた多国間通商交渉である**ウルグアイ・ラウンド**（1986〜93年）では，モノの貿易のみならず，保険・金融などサービス貿易や知的財産権などの新分野，さらに農作物の自由化にまで交渉が及んだ。各分野の交渉結果を実施，運営管理する恒常的な国際機関が必要ということになりWTOの設立に至った。しかし，貿易などの自由化は各国の脆弱な産業や農業に打撃となり，開発途上国の経済にも大きな影響をもたらし，さらに環境保護の観点からも容認できないということで「反グローバリズム」の運動が起こっていた。1999年11月にシアトルで開かれた第3回世界貿易機関閣僚会議（WTO総会）においては，世界中から押し寄せた反対派が会場周辺で大規模な抗議行動を行い，その結果会議の継続が不可能となった。

　グローバリゼーションの影響をめぐる議論は，その後の国際会議でも重要事項となり，国連ミレニアム宣言とMDGsでも言及されることになる。

国連ミレニアム宣言とMDGs

　2000年9月，国連ミレニアム総会において「**国連ミレニアム宣言**」が採択された。ミレニアム宣言は国連の全加盟国によって，人類の共通の価値と原則が確認されたところに意義がある。宣言では，人類共通の価値と原則として，まず世界中に公正で持続的な平和をうち立てることである，とした。そして，人権及び基本的自由の尊重，人種・性別・言語・宗教の違いによらない万人の平等な権利の尊重がうたわれた。さらに，経済的・社会的・文化的・人道的性格の国際問題の解決のための国際協力の必要性が強調された。また，これらを支える基本的な価値として「自由，平等，団結，寛

容，自然の尊重，責任の共有」があげられている。

　ここで注目すべきは，1990年代以来進行したグローバリゼーションへの対応である。宣言では，グローバリゼーションが大きな機会を提供する一方，現時点ではその恩恵は極めて不均等に配分されていて，とくに開発途上国及び経済が移行期にある諸国が特別の困難に直面しているという認識を示している。グローバリゼーションの影響が包括的で衡平なものになるように加盟各国が努力することを述べている。具体的には最貧国といわれる後発開発途上国やアフリカの特別なニーズに応えること，そのための国際協力が求められている。ミレニアム宣言は今後の主要な目標として，平和・安全及び軍縮，開発及び貧困撲滅，共有の環境の保護，人権・民主主義及び良い統治，弱者の保護，アフリカの特別なニーズへの対応，国連の強化を掲げた。

　これを受けて，2015年までに国際社会が達成すべき共通の開発目標として **MDGs** が策定された。MDGs には図3−1のような8つの目標と21のターゲットが採用されている。

　8目標のうち，乳幼児，妊産婦，疾病防止の3目標は保健医療に関する目標であり，最後のパートナーシップは推進体制の問題であるので，MDGs がカバーしている課題は実質的には「貧困」「教育」「ジェンダー」「保健医療」「環境」の5分野である。

　MDGs は1990年代に開催された主要な国際会議やサミットで採択された国際開発目標を統合し，一つの共通の枠組みとしてまとめられたものである。また，国連，OECD，IMF，世界銀行で策定された国際的な開発目標を拡充したものでもある。MDGs の意義と特徴としては，開発目標の達成年度を2015年と区切ったこと，各目標とターゲットに達成すべき数値目標を明示したことである。従来

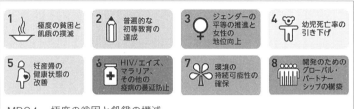

| 1 | 極度の貧困と飢餓の撲滅 | 2 | 普遍的な初等教育の達成 | 3 | ジェンダーの平等の推進と女性の地位向上 | 4 | 幼児死亡率の引き下げ |
| 5 | 妊産婦の健康状態の改善 | 6 | HIV/エイズ、マラリア、その他の疫病の蔓延防止 | 7 | 環境の持続可能性の確保 | 8 | 開発のためのグローバル・パートナーシップの構築 |

MDG 1　極度の貧困と飢餓の撲滅
MDG 2　普遍的な初等教育の達成
MDG 3　ジェンダーの平等推進と女性の地位向上
MDG 4　乳幼児死亡率の削減
MDG 5　妊産婦の健康状態の改善
MDG 6　HIV/エイズ，マラリア，その他の疾病の蔓延防止
MDG 7　環境の持続可能性の確保
MDG 8　開発のためのグローバル・パートナーシップの構築

図 3-1　MDGs の 8 目標

の開発目標が単に宣言であったり，単なる努力目標であったのに対して，数値目標を掲げたことにより MDGs の達成に向けて各国際機関，加盟各国，NGO の努力を一層促すことになった。

貧困の撲滅

　MDGs の目標 MDG 1 は「極度の貧困と飢餓の撲滅」である。ミレニアム宣言でも「我々の同胞たる男性，女性そして児童を，現在十億人以上が直面している，悲惨で非人道的な極度の貧困状態から解放するため，いかなる努力も惜しまない」と決意が述べられている。MDG 1 には三つのターゲットがあり，そのターゲット 1・A が「1990年から2015年までに，1日1ドル未満で生活する人々の割合を半減させる」である。

　ここで一日 1 ドル以下の生活というのは，当時世界銀行などが設定した「貧困ライン」であり，「**絶対的貧困**」と呼ばれている。各

国・地域によって生活環境も物価も違うので，一定額で貧困ライン
を引くことは実際には難しい。衣食住・教育・医療といった **BHN**
（ベーシック・ヒューマン・ニーズ）を欠く状態を貧困と定義したほ
うがよいという意見もある。ただ，貧困を一定の所得額で定義する
ことはわかりやすいので，MDGs ではそのようなやり方が採用さ
れている。先進国の場合，この貧困ラインで線を引くとほとんどの
人が貧困に相当しなくなり実態に合わないので，別途「**相対的貧
困**」の考え方を採用している。日本で子どもの貧困が16%であると
いうような場合には，相対的貧困率の計算によっている。相対的貧
困率を出すには，まずその国の人々を等価可処分所得（世帯の可処
分所得を世帯人数の平方根で割って算出）が高い順に並べる。その中
央に並んだ人の所得の半分以下の所得の人が相対的貧困に相当す
る。仮に中央に並んだ人の所得が240万円であれば，その半額にあ
たる120万円以下の人の割合が相対的貧困率になる。

　それでは貧困に関する MDGs の目標は達成されたのであろうか。
MDGs の達成状況は2015年の『MDGs 報告2015』にまとめられて
いる。それによれば，「極度の貧困で暮らす人の数は，19億人（1990
年）から 8 億3600万人（2015年）へと，半数以下に減少した」と報
告されている。なお，この時点で貧困ラインは一日 1 ドル未満から
1.25ドル未満へと変更されている。貧困人口が大幅に減少した要因
は，中国，インドといった多くの貧困人口を抱えていた国が急速に
経済発展したことによる。当時の国連事務総長である潘基文は
「MDGs は歴史上最も成功した貧困撲滅運動になった」と成果を強
調した。

　MDG 1 には他に二つのターゲットがある。ターゲット 1 ・B は
「女性や若者を含め，完全かつ生産的な雇用とすべての人々の**ディー**

セント・ワークを達成する」である。ディーセント・ワークとは，児童労働，犯罪に関わるような仕事，長時間・低賃金労働などを排除した，働きがいのある人間らしい仕事のことである。ターゲット1・Cは「1990年から2015年までに，飢餓に苦しむ人々の割合を半減させる」である。『MDGs報告2015』では，「途上国・地域における栄養不良の人々の割合は23.3％（1990-92年）から12.9％（2014-16年）と，ほぼ半減の見込み」と報告されている。

教育とジェンダー

MDG2は〈普遍的な初等教育の達成〉である。そのターゲット2・Aには，「2015年までに，すべての子どもたちが，男女の区別なく，**初等教育**の全課程を修了できるようにする」となっている。また，MDG3〈ジェンダーの平等の推進と女性の地位向上〉でも教育について述べられていて，ターゲット3・Aでは「できれば2005年までに初等・中等教育において，2015年までにすべての教育レベルで，男女格差を解消する」ことが求められている。これらのターゲットは，2000年の「**ダカール行動枠組み**」で採択された6目標に含まれている。「ダカール行動枠組み」とは，1990年の「万人のための教育会議」の成果を評価し促進するために，2000年4月にセネガルのダカールで開かれた「世界教育フォーラム」で採択された目標群である。ちなみに，ダカール行動枠組みの6目標は次のとおりである。

(1) 最も恵まれない子ども達に特に配慮を行った総合的な就学前保育・教育の拡大及び改善を図ること。

(2) 女子や困難な環境下にある子ども達，少数民族出身の子ども

達に対し特別な配慮を払いつつ，2015年までに全ての子ども達が，無償で質の高い義務教育へのアクセスを持ち，修学を完了できるようにすること。

(3) 全ての青年及び成人の学習ニーズが，適切な学習プログラム及び生活技能プログラムへの公平なアクセスを通じて満たされるようにすること。

(4) 2015年までに成人（特に女性の）識字率の50%改善を達成すること。また，全ての成人が基礎教育及び継続教育に対する公正なアクセスを達成すること。

(5) 2005年までに初等及び中等教育における男女格差を解消すること。2015年までに教育における男女の平等を達成すること。この過程において，女子の質の良い基礎教育への充分かつ平等なアクセス及び修学の達成について特段の配慮を払うこと。

(6) 特に読み書き能力，計算能力，及び基本となる生活技能の面で，確認ができかつ測定可能な成果の達成が可能となるよう，教育の全ての局面における質の改善並びに卓越性を確保すること。

　MDGs のジェンダー目標においてとくに女子の教育の向上をターゲットにあげたのは，男女平等を実現するうえで女子教育の量と質の拡充が必須であるという認識がある。実際，女子教育は，生産性の向上，健康面の改善，晩婚化，乳幼児死亡率の低下，政治参加の拡大などと強い相関関係があるという研究結果が多く出されている。しかしながら，開発途上国では女子教育についていくつかの障壁がある。ひとつは，女子により大きな家事負担があることであ

る。また，女子のほうが早い時期に賃金労働をさせられることが多い。さらに，女子は結婚して家を離れるため，教育を受けさせる必要はないという伝統的な価値観である。

　女子の就学を拡充するために，さまざまな施策や事業が行われた。インドでは，女子に対してノートや石版などの文房具や制服の無償配布によって就学を促す施策がとられた。また，中等学校が遠方にあることにより，通学路の安全を図るような施策も必要であった。こうした施策や努力の結果，『MDGs報告2015』では「南アジアでは1990年当時，初等教育就学者は男子100人につき74人だったが，現在では103人の女子が就学している」と成果が報告されている。また同報告では「途上国の３分の２以上で，初等教育の就学率において男女の格差が解消された」と記されている。

　教育全般でみてもMDGsの期間に明らかな成果が認められる。同報告によると，「途上国の初等教育純就学率は80％（1990年）から91％（2015年）に増加した」と述べられていて，「学校に通っていない初等教育学齢期の子どもの数は，１億人（2000年）から5,700万人（2015年）に減少した」とされている。また，「若者（15～24歳）の**識字率**は，83％（1990年）から91％（2015年）に向上」と報告されている。

保健医療

　MDGsの８目標のうち，MDG 4〈乳幼児死亡率の削減〉，MDG 5〈妊産婦の健康の改善〉，MDG 6〈HIV/エイズ，マラリア，その他の疾病の蔓延の防止〉の三つが保健医療に関する目標である。MDG 4のターゲットAでは「1990年から2015年までに，５歳未満の幼児の死亡率を３分の２引き下げる」ことが，MDG 5のター

ゲットＡでは「1990年から2015年までに，妊産婦の死亡率を４分の３引き下げる」ことが具体的な数値目標となっている。

　保健医療の分野では日本の国際協力での貢献が大きい。日本では誰もが持っている「**母子健康手帳**」であるが，これが乳幼児と妊産婦の保健に役立っていた。妊娠時からの注意事項，出産後の赤ちゃんの身長体重や病歴，予防接種歴などが記録される。もともと日本にしかなかったが，1990年代に**JICA（国際協力機構）**に研修に来ていたインドネシア人の医師が自国にもち帰り普及させたところ，妊産婦と乳幼児の健康改善にたいへん有効であることがわかった。今では母子手帳は，**WHO（世界保健機構）**の協力のもとアジア・アフリカ約40カ国に広がっている。世界で生まれる赤ちゃんとその母親のうち約16％が母子手帳を利用している。

　また，世界で最も人間に害を加える動物は，熊でもサメでもなく「蚊」である。蚊が媒介する**感染症**としてはマラリア，日本脳炎，デング熱などがあり，世界では年間に約80万人もがこれらの感染症で亡くなっていると言われている。ここでも日本の防虫蚊帳が活躍している。蚊帳をつるしてそのなかで寝ることにより，蚊の侵入を防御して，結果的にマラリアの感染を防ぐことになる。2004〜2014年までの間に，９億以上もの殺虫処理された蚊帳が，マラリアで苦しむサハラ以南アフリカの国々に配布された。

　『MDGs 報告2015』では，保健医療分野の成果として次のようなことがあげられている。

・５歳未満児の年間死亡数は1,270万人（1990年）から590万人（2015年）へと，53％減少した。
・妊産婦死亡は，10万人あたり380人（1990年）から210人（2013

年）に減少（死亡率は45％減少）した。

・熟練した医療従事者の立会いの下での出産は，59％（1990年）
　から71％（2014年）に増加した。

・HIVの新たな感染は，推定350万人（2000年）から210万人（2013
　年）へと，約40％減少した。

・2000〜2015年の間に推定620万人以上の命がマラリアから，
　2000〜2013年の間に推定3,700万人の命が結核から守られた。

環境の持続可能性

　MDG 7〈環境の持続可能性の確保〉には，次の4つのターゲットがある。

7・A「持続可能な開発の原則を各国の政策やプログラムに反映
　　　させ，環境資源の喪失を阻止し，回復を図る」
7・B「生物多様性の損失を抑え，2010年までに，損失率の大幅
　　　な引き下げを達成する」
7・C「2015年までに，安全な飲料水と基礎的な衛生施設を持続
　　　可能な形で利用できない人々の割合を半減させる」
7・D「2020年までに，最低1億人のスラム居住者の生活を大幅
　　　に改善する」

　他の分野と比べて，環境の分野での成果は乏しい。ただ，水と衛
生施設については顕著な改善がみられる。『MDGs報告2015』によ
れば，「安全な飲料水を入手できる人の割合は，76％（1990年）か
ら91％（2015年）に向上し，1990年以降，26億人が新たに利用でき

るようになった」と報告され，さらに衛生施設（トイレ）についても「2015年には，世界の人口の68％が改善された衛生設備を利用し，1990年以降，21億人が新たに利用できるようになった」とされている。

この時期，世界的に最も注目され議論された環境問題は**地球温暖化**である。地球温暖化の問題は地球サミットで採択された**気候変動枠組条約**の**締約国会議（COP）**において議論されている。温暖化に対する国際間の取組は1997年の COP 3 において採択された**京都議定書**に基づいて行われていた。それによれば，2008〜2012年の期間中に，先進国全体で温室効果ガス 6 種の合計排出量を1990年と比べて少なくとも 5 ％削減することが目標であった。開発途上国には温室効果ガス削減の義務が課されなかった。国別の削減目標は，EU15カ国が 8 ％，米国が 7 ％，日本が 6 ％であった。京都議定書は2005年に発効したものの，肝心の米国はこの議定書から離脱した。2008年度の CO_2 排出量は，米国20.5％，中国18.5％，ロシア6.1％，日本4.4％，インド4.1％の順である。CO_2 二大排出国の米国と中国が京都議定書の枠組みに入っておらず，京都議定書の実効性について疑問がもたれていた。

京都議定書の実施に向けて各国が具体的な対策を講じつつあった2007年前後には温暖化についての懐疑論が盛んに展開された。元米国副大統領のアル・ゴアによる『不都合な真実』がベストセラーなり，世界的にも温暖化に関心が高まっていた。温暖化懐疑論の主な主張は，過去の温暖化の主要な要因は人為的なものではない，温暖化の原因は人為的な CO_2 の増加によるものではない，そして気候モデルによる再現や予測のやり方が適切ではなく予測が不確実である，等であった。2013年に公表された**IPPC（国連気候変動に関する**

政府間パネル）第５次評価報告書では，懐疑論者による主張について ていねいに反論している。そして，20世紀半ば以降の温暖化の主要な要因は，人間活動の影響の可能性が極めて高く，「地球温暖化については疑う余地がない」と結論づけている。

京都議定書に基づく CO_2 の削減目標の達成については，日本は 8.4％の削減であり，当初目標の６％をクリアしている。また EU は８％削減の目標に対して12.2％と大きく上回って達成している。それ以外の国々の成果はまちまちである。2017年時点で CO_2 排出量の占める割合は，中国が28.2％，米国が14.5％であり，この排出量二大大国が削減の枠組みに入らないと実質的な効果が見込めないことがわかる。2015年にはフランスのパリにおいて開催された COP21において，途上国を含むすべての国が参加する形での温室効果ガス排出削減のための新たな枠組みとして「**パリ協定**」が採択された（155頁参照）。

貧困撲滅キャンペーン

途上国の飢餓や貧困を撲滅するための国際的なキャンペーンとしては，これまでにも1984年に著名な音楽家らによって始められた「アフリカ飢餓救済キャンペーン」や，1990年にアフリカ・キリスト教協議会が最貧国の債務帳消しを求めた「ジュビリー2000」の運動などがあった。MDGs を受けて世界の貧困撲滅のための市民運動を展開したのが「**グローバルな貧困根絶キャンペーン**（Global Call to Action Against Poverty：GCAP）」である。GCAP は，2005年に「貧困を過去のものに（Make poverty history）」を合い言葉に，白いリストバンドを付ける「ホワイトバンド・プロジェクト」を行った。同年に英国で開催された G ８サミットや，国連総会，WTO 閣

僚会合では，貧困撲滅のための国際的な約束を果たすことを要求して，会場周辺には**ホワイトバンド**を付けた人々が参集してアピールした。

　ホワイトバンドは英国とアイルランドで販売開始以来，急速に世界中に広まり，累計1500万本が出回ったと言われている。日本においては「特定非営利活動法人ほっとけない世界のまずしさ」がホワイトバンド・プロジェクトを主催した。プロジェクトには国際協力NGO を中心に60を越える NGO/NPO が賛同団体として加わった。このキャンペーンの特徴は，アーティスト，タレント，スポーツ選手などの著名人がホワイトバンドを広める役割を果たしたことである。

　GCAP の呼びかけに応じて，MDGs の実現を目指し貧困を撲滅するための組織が世界131カ国にまで広がっていたが，このネットワークの日本版として設立されたのが「**動く➡動かす**」である。この組織には途上国の貧困問題解決に取り組む NGO 約80団体が参加した。2011年の東日本大震災の際には，「復興も世界の貧困の解消も」ということで，当時の菅直人政権が打ち出した ODA1000億円削減方針に反対する運動を行い，削減幅を半分に留めるという成果を上げている。2013年以降の SDGs 策定プロセスでは，「ポスト2015NGO プラットフォーム」を発足させ，政府と20回以上の対話を行い，市民の意見を反映させてきた。2006～2015年までの 9 年間で行った「STAND UP TAKE ACTION」キャンペーンでは，日本全国延べ24万人が立ち上がり，貧困撲滅のためのアピールを行っている。

東日本大震災と「仙台防災枠組」

　今世紀に入って世界各地で大規模な災害が続いていた。2004年にはスマトラ沖大地震とそれによって引き起こされた津波により約22万人もの犠牲者を出している。2005年にはパキスタン北部地震，2008年には中国・四川大地震，そして2010年にはハイチ地震が起きていて多くの人々が亡くなったり家を失ったりしている。

　2011年3月11日には東北の三陸沖でマグニチュード9.0の巨大地震が発生した。最大震度7の強い揺れと国内観測史上最大の津波を伴い，東北・関東地方を中心とする広い範囲に甚大な被害をもたらした。また，東京電力福島第一原子力発電所が被災し，放射性物質が漏れ出す深刻な事態となった。被害は東北3県を中心に1都1道20県に及び，死者・行方不明者合わせて約1万9000人に及んだ。被災地の救援のため，自衛隊，警察，消防に加えて，全国の自治体から救助・支援要員が派遣され，全国からボランティアが集まった。「トモダチ作戦」を展開したアメリカ軍はじめ世界108の国・地域，国際機関が救援・支援の手を差し伸べた。**東日本大震災**は日本の防災・減災対策，救助・支援・復興政策，ボランティア活動，まちづくり，エネルギー・原子力政策などに多大な影響を与えた。

　世界的な防災枠組の源は1990〜1999年の「国際防災の10年」に求めることができる。その終了年の1999年には防災の10年を継承する「国際防災戦略」の実施が国連で決定されて，その事務局がジュネーブに置かれることになった。2005年には兵庫県神戸市で第2回国連防災世界会議が開かれて，災害に強い国づくり・コミュニティづくりを目指す「兵庫行動枠組」が採択された。第3回国連防災世界会議はやはり日本の仙台市において2015年3月に開催された。会議には187カ国の代表を始め，国際機関，研究者，NGO を合わせて

本体会議には6500人以上，一般公開の関連イベントも含めると15万人以上が国内外から参加した。日本及び世界の甚大な災害の状況に鑑みて，以後15年間におよぶ国際的な防災の枠組を策定することが主な目的であった。

「**仙台防災枠組**2015-2030」では，4つの優先行動と7つのターゲットが合意された。4つの優先行動とは，「災害リスクの理解」「災害リスク管理のための災害リスクガバナンスの強化」「レジリエンス（回復力）のための災害リスク軽減への投資」「効果的な対応のための災害準備の強化と回復・復旧・復興に向けた『より良い復興』」である。7つのターゲットには「2030年までに地球規模での災害死者数を実質的に減らす。2005年から2015年までと比べ，2020年から2030年には10万人当たりの死者の減少を目指す」「2030年までに地球規模での災害による被害を受ける人々の数を減らす。2005年から2015年までと比べて，2020年から2030年には10万人当たりの被害者数の減少を目指す」といった具体的なターゲットが掲げられた。数値目標を掲げてその達成を促す方法はMDGsでとられた手法である。

日本では市民団体など防災関係者により「防災・減災日本CSOネットワーク」が結成されて，政府や自治体の防災・減災政策に対して市民の立場から注文し提言する活動を行うとともに，仙台防災枠組の実現に向けてさまざまな取組を行っている。

第3章　参考資料

外務省「ミレニアム開発目標（MDGs）」https://www.mofa.go.jp/mofaj/gaiko/oda/doukou/mdgs.html〈最終閲覧2023.9.1.〉
田中治彦編（2008）『開発教育―持続可能な世界のために』学文社
勝間靖編（2012）『テキスト国際開発論―貧困をなくすミレニアム開発目標へのアプローチ』ミネルヴァ書房

第4章　ESD・地球市民教育

　2002年8月，南アフリカ共和国のヨハネスブルグにおいて，「**持続可能な開発に関する世界首脳会議（ヨハネスブルグ・サミット）**」が開催された。会議の目的は，1992年の地球サミット（国連環境開発会議）の提言と行動計画「アジェンダ21」の進捗状況を検証することであった。この会議において，2005年からの10年間を「国連・持続可能な開発のための教育（ESD）の10年」とすることが提唱された。**ESD（Education for Sustainable Development）** とは，持続可能な開発の担い手を育成するための教育であり，その内容には，環境教育，開発教育，平和教育，人権教育などが含まれていた。これらの教育は戦後ユネスコが推進してきた国際理解教育につながるものである。本章では，グローバルな課題を扱う教育として起源となる国際理解教育から，個別の課題である平和，開発，環境，人権を扱う諸教育とそれらが統合された ESD について，歴史的な軸に沿って展開過程をみていきたい。

ユネスコと国際理解教育

　第二次世界大戦が終結した直後の1945年11月に**ユネスコ（国連教育科学文化機関）** が国連の一機関として発足した。ユネスコ憲章の冒頭には「戦争は人の心の中で生れるものであるから，人の心の中に平和のとりでを築かなければならない」の一文がある。戦争を防ぎ，諸国民，諸民族の間の友好と相互理解を促進するための教育を広めることはユネスコの存立意義でもあった。日本は1951年にユネスコへの加盟を認められた。敗戦国である日本が正式加盟を認められた最初の国連機関である。

ユネスコは1947年より「国際理解のための教育（Education for International Understanding）」を推進した。日本においては「**国際理解教育**」と呼ばれて，当初は民間の社会教育団体であるユネスコ協会と，高校のユネスコ・クラブによって担われていた。学校教育において国際理解教育が本格的に推進されるのは，1953年に**ユネスコ協同学校**と呼ばれる学校を世界15カ国，33中等学校に設け，日本もこれに参加してからである。当初日本から参加したのは4中学校，2高等学校である。国際理解教育は，人権教育，各国理解，国連理解，平和教育の4つの枠組みで実践された。その後，日本からの参加校も増加した。これら協同学校で行われた実践は現在の目から見ても優れたものが多い。ユネスコ協同学校は，ESDの中間年である2008年に「**ユネスコスクール**」と名称を変えている。

　一般の公立学校における国際理解教育は，敗戦直後から1960年代までは戦争の記憶も新しく，国際理解教育の枠組みにかかわらず反戦平和の教育は盛んに実践されていた。また，新しい時代に国際平和を実現する機関として，国連の役割にも期待が寄せられ，国連についての学習も進んでいた。高校生・大学生らによる「**模擬国連**」も盛んに実施されていた。模擬国連とは，学生・生徒が各国の大使になりきり，実際の国連の会議を模倣する活動であり，リサーチ，スピーチ，交渉などの能力向上と国連を通した国際問題の理解を目指している。戦後の教育政策が米国の占領下に始まったこともあり，各国理解のなかでも米国の比重は大きかった。国際理解教育も米国との国際親善や英語教育の分野で展開されていた。

　しかし，1958年の**学習指導要領**がそれまでの「試案」から「告示」となり法的な拘束力をもつようになると，戦後復興を促進するため基礎教科と理数科が重視された。また，「道徳」も特設され

た。1977年の学習指導要領の改訂までは，カリキュラムは改訂のたびに過密になり，学校教育全体に余裕がなくなっていった。1960年代に入ると米ソによる冷戦の進行もあり，教育全般に国際理解よりはナショナリズムを強調する傾向が顕著になり，国際理解教育を実践する環境は次第に悪化していった。1964年の東京オリンピックの頃までは，国際理解と英語教育は人気があったが，1960年代後半には国際理解教育に対する当初の熱意は薄れていった。その後1980年代まで国際理解教育は一部の熱心な学校や教師によってかろうじて継続されるという「冬の時代」を迎えることになる。

平和教育

1947年に制定された教育基本法の第一条で「教育は，人格の完成を目指し，平和で民主的な国家及び社会の形成者」を育成することが目的であると述べられていて，平和と民主主義実現のための教育が戦後教育の基本となった。戦前戦中の軍国教育により子どもたちを戦地に送り出したという反省と悔悟から，**日本教職員組合**（日教組）は1951年に「教え子をふたたび戦場に送るな」というスローガンを掲げて平和教育を推進した。

日本の**平和教育**の大きな特徴は，**ヒロシマ・ナガサキ**の被爆体験を伝える教育である。1951年発行の長田新編『原爆の子』は国内外に大きな反響を呼んだ。1960年代には米ソの冷戦下で核戦争の危機が高まりを受けて，反核軍縮の教育が広がった。1972年には広島の被爆教師らの呼びかけで広島平和教育研究所が設立された。日教組の教育研究全国集会（教研集会）においては平和教育分科会が設けられて，全国の平和教育の実践交流が毎年継続的に行われた。

1982年には教科書検定において日本の侵略の事実が隠されている

ことに関してアジア諸国から強い抗議があった。それまで平和教育が被爆体験に基づく被害者意識の強い教育であったという反省から，日本の加害の事実を発掘し，侵略戦争への反省を踏まえてアジア諸国との歴史的和解と将来の平和構築を目指す方向性が模索された。

1990年代には平和教育は大きな課題をかかえることになる。第一は，東西冷戦が終結し核戦争の危機が当面遠のくなかで，従来の反核を中心にした平和教育の転換が求められたことである。第二は，戦争を直接知っている世代が高齢化し，体験をもとに平和教育を行ってきた教員も引退したことにより，直接体験に寄らない形での平和教育が必要になったことである。第三は，日本の加害責任を強調する教育に対して「自虐的」などとして平和教育そのものを否定する風潮が生じたことである。第四に，戦争の原因となっている貧困問題，民族対立，環境破壊などのグローバルな課題に対応する幅の広い平和教育を構想する必要性が出てきたことである。

最後の課題については，1980年代に日本に紹介された**ヨハン・ガルトゥング**の**積極的平和論**の影響が大きい。ガルトゥングは戦争や紛争がない状態を「消極的平和」と呼び，貧困・格差・抑圧など戦争や紛争の原因がない状態を「積極的平和」と呼んだ。表面的に戦争がなくても，戦争の原因が潜在している状況は「**構造的暴力**」であるとして，"平和構築のためには戦争の原因を根絶することが必要である"と説いた。これにより，新しい平和教育は，貧困・格差を扱う開発教育，民族対立を扱う多文化教育，人権抑圧を扱う人権教育，環境破壊を扱う環境教育などと密接な関係をもちながら実践されることが求められるようになった。2001年に起きた**9.11事件**の原因には，世界規模での貧富の格差の拡大，キリスト教文化圏と

イスラム教文化圏の対立などの要因があり，ガルトゥングの議論の重要性がより認識されることとなった。

開発教育

開発教育は，南北問題が世界的な課題となった1960年代に，欧米諸国の国際協力 NGO の間から提唱された。当初は国際協力 NGO がその支持者に対して開発途上国の現実を知らせ，国際協力のための募金キャンペーンを行うなかで展開されていた。1970年に国連総会で採択された「**第 2 次国連開発の10年計画**」では，加盟国政府は開発問題についてそれぞれの国内で国民の理解を深める努力をすべきことが提案されていて，この頃より**開発教育**は南北問題や開発問題の体系的な理解を促す教育活動として発展する。

日本では1970年代に YMCA などの青少年団体や青年海外協力隊がその機関紙で開発教育の必要性を訴えた。1979年に国連広報センター，ユニセフ駐日代表事務所，国連大学の共催で東京と栃木で開発教育シンポジウムが開かれて，日本における開発教育普及の最初のステップとなった。その後，大阪，名古屋，横浜で開発教育シンポジウムが開催された。1982年にはこれらの関係者を中心として**開発教育協会**（DEAR；当初の名称は開発教育協議会）が結成された。

1960年代の開発教育は，途上国に住む人々の状況，すなわち貧困，栄養不良，保健や教育の遅れなどの諸問題を先進国の人々に知らせ，途上国の人々に対する援助の必要性を教えることに主眼が置かれていた。しかしながら1970年代になると，途上国の問題の原因が先進国側にもあるという認識や，世界の相互依存関係についての認識が深まり，開発教育のねらいも「貧しくて気の毒な人々」への理解と援助という観点ではなく，南側が直面している諸課題を歴史

的構造的に理解し，その原因を追及して問題解決に向けての関心や態度を養うことを目標とするようになった。

　メディアにおいても1983年に**アジア・ブーム**が起き，1984年には世界的な**アフリカ飢餓キャンペーン**が行われて，開発問題への関心も徐々に高まった。1989年には日本の政府開発援助額が米国を抜いて世界一の規模となった。同年の**学習指導要領**の改訂では，「国際理解」「国際的視野」「国際人」という用語が登場することとなり，国際的な課題に対する学習についての関心も高まった。

　1980年代後半からは**外国人労働者**が急増して，開発問題は遠い南の国の問題ではなく，「足元の国際」であり，地域の国際化が必要であるという認識が生まれた。各地域の**国際交流協会**などでも地域レベルの開発教育に取り組むところが増えた。開発教育協会では，1993年度から外務省との共催で，開発教育推進地域セミナーを毎年開催した。開発教育推進地域セミナーは2003年度に終了するまでに，全国44都道府県で計53回開かれ，各地域レベルでの開発教育の普及を行った。これらのセミナーでは開発教育の理念や内容だけでなく，ワークショップを通して参加型学習の手法が広がった。これらのことは，2002年度から学校に導入された「**総合的な学習の時間**」や，2005年からの「国連 ESD の10年」の学習活動の内容や方法に大きく影響することになる。

環境教育

　環境教育の起源は，環境問題を平和，開発に続く第三のグローバル課題として定着させたストックホルムの**国連人間環境会議**（1972年）に求めることができる（101頁参照）。この会議で採択された「**人間環境宣言**」の原則17で環境教育の必要性が強調され，また「行動

計画（勧告）」の96項において環境教育のプログラム開発が勧告された。この勧告を受けてユネスコとUNEP（国連環境計画）は共同で国際環境教育計画を開始し，1975年にベオグラードで国際環境教育ワークショップを，1977年にトビリシで環境教育政府間会議を開催した。ベオグラード会議では，環境教育の目的が明確にされて，その後現在に至るまで基本的な理念とされてきた。それらは，「意識化，知識，態度，技能，評価能力，参加」の6項目である。

　日本における環境教育は1960年代の高度経済成長期におきた深刻な環境問題を背景に，**公害問題学習**と**自然保護教育**として実践されていた。また，ボーイスカウトなどの青少年団体での**野外教育**も盛んになり，文部省や自治体によって野外教育施設として少年自然の家の設置が進められた。1970年代はとくに**公害問題**についての学習が中心であり，1971年に改訂された学習指導要領において公害問題の学習が関連教科のなかに位置づけられた。日教組の教育研究集会でも1971年以来「公害と教育部会」が設置されて，全国各地の公害問題学習の実践事例が報告された。

　しかしながら，公害問題学習は目前の個別の公害問題に対応した教育であったため，1980年代に入って激甚型公害問題が終息するにつれて公害問題学習の実践そのものが下火になった。1980年代の終わりごろになって再び環境問題への関心が高まり，**環境教育**という名称での教育活動が注目されてくる。その背景にあるのが**地球環境問題**である。文部省は1992年の国連環境開発会議（地球サミット）に合わせて環境教育の振興を図る。1991年には『**環境教育指導資料**』の中学・高等学校編が，1992年には小学校編が，1995年には事例編が文部省より発刊された。これにより全国の公立学校では環境教育の実践が期待されることになる。ただし，環境教育についての

特定の教科や領域がないなかで，主に実践されたのは空き缶集めのようなリサイクル型の学習か，少年自然の家などを利用した自然体験型の学習活動であった。公害問題学習が社会問題として扱われたのに対して，これらの学習ではリサイクル活動や自然体験活動が自己目的化してしまい，結果的に環境教育が社会問題から離れるという傾向があった。

1992年の地球サミットで持続可能な開発の考え方が国際的な公約となり，環境教育は ESD として発展することになった。ESD は環境問題を政治・経済・社会的文脈でとらえることの必要性を強調していた。2005年からは**「国連 ESD の10年」**が開始されて，日本の環境教育は大きな転換点を迎えることになる。

人権教育

1948年の第3回国連総会で「**世界人権宣言**」が採択された。ユネスコが提唱した国際理解教育においては，その4分野の一つが人権教育であり，世界人権宣言の趣旨と人権問題の理解のための教育がユネスコ協同学校などで推進された。日本における人権教育は，主に同和教育関係者により取り組まれていた。同和教育とは，部落差別を中心にあらゆる差別をなくすための教育である。**同和教育**という用語の使用は，戦後では1953年に文部省が「同和教育について」という次官通達を出したことがきっかけである。同和教育が本格的に広がったのは，1953年に全国同和教育研究協議会（現在の全国人権教育研究協議会）が結成されて以来である（127頁参照）。

文部省の同和教育に関する施策は1959年度に研究指定校の指定，資料の作成配布を行ったことに始まる。次いで，1961年度からは同和教育に関し深い認識と理解をもつ指導者の確保を図るため，研究

協議会が開催されることとなった。1965年には総理府に置かれた同和対策審議会から答申が出され，同和問題の解決は国の責務であると同時に国民的課題であるとの指摘がなされ，文部省の同和教育に関する施策が進められることとなった。文部省の同和対策はまず教育の格差の解消に向けられた。1966年度には，同和関係者の子弟で経済的理由により，高等学校等への進学が困難な者に対し奨学金を給付するための事業が開始された。その後1974年度には大学・短期大学分の奨学金が創設された。これらの事業の実施によって，高等学校や大学への進学率は向上することとなった。

1993年には，ウィーンで**国連世界人権会議**が開催された（22頁参照）。ウィーン会議の行動計画を受けて，1994年の国連総会では1995〜2004年までを「国連人権教育のための10年」とすることが決議された。この決議は，各国において「人権という普遍的な文化」が構築されることを目指し，あらゆる学習の場における人権教育の推進，マスメディアの活用，世界人権宣言の普及など5つの主要目標をあげている。

こうした国際的な動向を受けて，同和問題に関わる差別意識の解消に向けた取組は，1997年度以降すべての人の基本的人権を尊重していく人権教育及び人権啓発事業の一環として推し進められることになった。2000年には「人権教育及び人権啓発の推進に関する法律」が施行され，これに基づき2002年に「人権教育・啓発に関する基本計画」が策定された。基本計画では国内の人権課題として，女性，子ども，高齢者，障害者，同和問題，アイヌの人々，外国人，ハンセン病元患者やHIV感染者，刑を終えて出所した人，性的マイノリティなどがあげられた。

新しい**人権教育**の推進にあたっては同和教育と開発教育の関係者

の協働がみられた。主に関西地域で同和教育，人権教育を実践していた教員らが開発教育に関心をもち，足元の国際問題として難民や外国人労働者の問題を取り上げて，参加体験型の学習活動を展開した。そのなかで，『難民』『ひょうたん島問題』などの優れた教材が開発された。また，それまで「かきくけこ」の人権教育（固い，厳しい，苦しい，権威的，怖い）と言われていた学習に，開発教育が得意とする参加体験型の学習活動を組み込むことで「あいうえお」の人権教育（明るい，いきいき，うれしい，笑顔，おもしろい）へと転換することに寄与している。

ユネスコ「国際教育」勧告

　ユネスコは1947年以来，国際理解教育を推進してきた。内容は，平和教育，人権教育，各国理解，国連理解を柱とするものであり，1953年からは**ユネスコ協同学校運動**を通して全世界的に実践が行われていた。1960〜70年代にかけて，南北問題を扱う開発教育，環境問題を扱う環境教育が新たな国際的な教育の内容として現れてきたことを背景に，1974年のユネスコ総会では，従来の国際理解教育に代わるものとして「**国際教育**（International Education）」の推進が勧告された。正確には国際教育は「国際理解，国際協力及び国際平和のための教育，並びに人権及び基本的自由についての教育」の略称であり，その教育内容は次のように説明されている。

　(a) 諸民族の権利の平等と民族自決権
　(b) 平和の維持。諸種の様式の戦争とその原因及び結果。軍備縮小。軍事目的のための科学と技術の使用を禁止すべきこと及び平和と進歩のため科学と技術を使用すべきこと。国家間の経

済的，文化的及び政治的関係の性質と効果並びにこれらの関係
のため特に平和維持のための国際法の重要性

(c) 難民の権利を含む人権の行使と遵守を確保する措置

(d) 経済成長，社会開発及びこの両者の社会正義に対する関係。
植民地主義，と非植民地化。開発途上にある国への援助の方法
と手段。非識字根絶の戦い。病気と飢餓の防止運動，生活の質
の改善及び健康の水準を可能な限り高めるための戦い。人口増
加及びこれに関連する諸問題

(e) 天然資源の利用，管理及び保存。環境汚染

(f) 人類の文化遺産の保存

(g) 前記の諸問題の解決のための努力についての国際連合組織
の役割と活動方法，並びにその活動の強化及び促進の可能性

　ユネスコの「国際教育」のカバーする領域は多岐にわたるが，教
育内容として包含しているのは平和（軍縮）教育（b 項），人権教育
（c 項），開発教育（d 項），環境教育（e 項）である。これを従来の
国際理解教育と比較すると，平和教育においては大量殺戮兵器であ
る核兵器を廃絶するための軍縮に重点が置かれ，開発，環境という
1960年代以降顕在化したグローバルな課題を学習するための教育活
動として定義されるようになっている。また第三世界の主張である
民族自決権の尊重が最初にうたわれているのも注目される。

　国際理解教育「冬の時代」にあった日本の教育界は，1974年のユ
ネスコ国際教育勧告に対する反応は鈍かった。日本ユネスコ国内委
員会が『国際理解教育の手引き』を編集発刊したのは1982年になっ
てからである。しかも，タイトルは「国際理解教育」のままである。文部科学省が国際理解教育に代わって**国際教育**の名称を使

用するのは「ESD の10年」が始まる2005年のことである。ESD の教育内容に相当する平和教育，環境教育，開発教育，人権教育について，すでに1974年の勧告で言及されていたことは注目してよい。

「総合的な学習の時間」

　文部省に設置された中央教育審議会は1996年の答申で，学校週5日制を完全実施するとともに，各教科の時間数を大幅に減らし，代わりに**「総合的な学習の時間（総合学習）」**を設けることを提言した。翌年の教育課程審議会答申によりその概要が明らかにされたが，総合学習は従来型の授業とは違っていて，そのカリキュラムの作成を学校や現場の教師に委ねるものであった。内容は一応の例示があって，「国際理解，情報，環境，福祉・健康」の4分野と「学校や地域の特色に応じた課題」を扱うことが示された。時間数は小学校（3年生以上）においては週平均3時間，中学校においては平均2〜3時間が割り当てられた。週3時間というのは，従来の理科や社会科の時数に相当するので，総合学習はカリキュラムのうえでそれなりに大きな位置を占めることになった。

　2002年からの総合的な学習の時間の新設は，開発教育，環境教育，ESD にとって二つ大きな意味をもっていた。開発教育，環境教育はそれまで，それに対応する教科や領域がなく，実践するうえでの最大のネックとなっていた。例示とはいえ「国際理解，環境」が総合学習の内容として示されたことにより，開発教育，環境教育が目指す内容が学校教育の正規のカリキュラムのなかに位置づく可能性が広がった。もう一つの意義は総合学習の指導方法にあった。教育課程審議会の文書によれば，「自然体験やボランティア活動などの社会体験，観察・実験，見学や調査，発表や討論，ものづくり

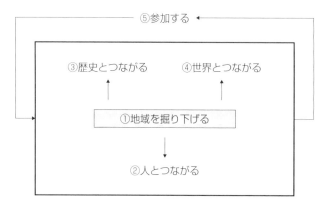

図 4-1　地域を掘り下げ，世界とつながる学びのデザイン
出所：開発教育協会内 ESD 開発教育カリキュラム研究会編，p.44

や生産活動など体験的な学習，問題解決的な学習を積極的に取り入れること」とあり，いわゆる参加型で体験型の学習が奨励されていたのである。開発教育ではそれまでにも**参加型学習**を積極的に採用していたため，総合学習そのものに開発教育の手法が大幅に採用されることになった。

　総合学習の一つに例示された「学校や地域の特色に応じた課題」も ESD につながる題材であった。開発教育協会では，地域課題を掘り起こして，世界の問題とつなげながら解決策を考えていくための学習として「地域を掘り下げ，世界とつながるカリキュラム」を提案した（図 4-1）。これにより，地域学習，環境教育，国際理解が参加型の学習により有機的につながることとなり，ESD 実践のひとつのモデルとなった。

国連 ESD の10年

　ESD のルーツは，1992年の国連環境開発会議の行動計画「**アジェ**

ンダ21」に求めることができる（18頁参照）。アジェンダ21の「第36章　教育，意識啓発及び訓練の推進」において「教育は持続可能な開発を推進し，環境と開発の問題に対処する市民の能力を高めるうえで不可欠である」と述べられている。同サミット後，国連持続可能な開発委員会においてユネスコが中心となって「持続可能な開発」のための教育のあり方について検討が進められた。

　ユネスコは1997年に，ギリシャのテサロニキにおいて「環境と社会に関する国際会議─持続可能性のための教育と世論の喚起」をテーマに会議を開催した。その最終文書である**「テサロニキ宣言」**では，「環境教育を『環境と持続可能性のための教育』と表現してもかまわない」（第11節）と表現されている。そして，「持続可能性という概念は，環境だけではなく，貧困，人口，健康，食糧の確保，民主主義，人権，平和をも含むものである。最終的には，持続可能性は道徳的・倫理的規範であり，そこには尊重すべき文化的多様性や伝統的知識が内在している」（第10節）と述べられている。すなわち，ESD には従来の環境教育に加えて，貧困，人口，健康，食料などをメインテーマとしてきた開発教育，さらに人権教育や平和教育をも含む幅広い概念であると説明されている。

　日本の環境教育関係者は2002年の国連持続可能な開発に関する世界首脳会議（ヨハネスブルグ・サミット）に向けて，**「ヨハネスブルグ・サミット提言フォーラム」**を組織し，同サミットでの ESD の10年の採択を目指して活動していた。ESD の10年（2005-14）はサミットにおいて日本政府などの提案により，全会一致で採択された。提言フォーラムはサミット後に解散し，新たに ESD の10年を推進するためのネットワーク組織として**「ESD-J（持続可能な開発のための教育推進会議）」**を立ち上げた。ESD の10年の実施にあたっ

てはユネスコがその主導機関となり，2005年にユネスコは「国際実施計画」を策定した。ユネスコは ESD を次のように説明している。

　持続可能な開発のための教育は，すべての人々が持続可能な未来を形成するのに必要な知識，技能，態度，価値を獲得することを目指すものである。ESD は主要な持続可能な開発課題を教えかつ学ぶものである。それらは例えば，気候変動，防災・減災，生物多様性，貧困削減，持続的な消費である。ESD は，参加型の教授と学習の方法を求めるものであり，それは学習者が持続可能な開発のための態度変容と行動を促しエンパワーするものである。ESD は最終的には，協同的な営みにより，批判的な思考，想像力豊かな未来創造，意思決定を行う能力（コンピーテンシー）を促進するものである。

ユネスコによる2005年の国際実施計画の策定を受けて，2006年には日本でも「持続可能な開発のための教育の10年関係省庁連絡会議」によって国内実施計画が策定された。このなかでは，ESD を「私たち一人ひとりが，世界の人々や将来世代，また環境との関係性の中で生きていることを認識し，行動を変革することが必要であり，そのための教育」であると定義している。ESD の事業は多くの省庁にまたがっているが，そのなかでも文部科学省と環境省がより多くの関わりをもっている。文部科学省の関連では，2011年度の**学習指導要領**の策定にあたって，持続可能な社会の構築や ESD について各教科領域に多くの文言が採用された。実際には**ユネスコスクール**において ESD を推進していて，2017年3月時点では全国で964校のユネスコスクールが指定されている。また，大学など高等

教育機関においても ESD が推進されていて，全学共通カリキュラムや専門課程のなかに，環境教育，持続可能な社会づくりなど関連のテーマを意識的に採用する大学が増えた。

　環境省は2006年度の ESD 促進事業で全国14カ所の地域をベースにした ESD の取組をモデル事業として評価し，その成果の普及をはかってきた。なかには岡山市のように公民館をベースにして全市的に ESD に取り組んだ自治体もある。ESD の10年の最終年度の2014年には，愛知県で ESD ユネスコ世界会議が開かれ，岡山市でユネスコスクールと社会教育施設の ESD 国際会議が開催された。

地球市民教育

　ユネスコでは ESD とともに**地球市民教育**（GCED：Global Citizenship Education）の推進を図っている。地球市民教育については，潘基文国連事務総長の提案により，2015年5月に韓国のインチョン（仁川）で開催された世界教育フォーラム（World Education Forum）においてその内容が議論された。その後，ソウルにあるアジア太平洋国際理解教育センター（APCEIU）がリーダーシップをとって推進している教育である。

　ユネスコによれば，地球市民教育とは「学習者がグローバルな諸課題に向き合い，地域レベル及び国際レベルでよりよい解決の方策を考え，積極的な役割を担うことを通じて，より公正，平和，寛容，包括的，安全な持続可能な世界を実現することを目標とする教育プログラム」と説明されている。日本が官民あげて ESD の推進を行っていたことに対して，GCED は韓国が独自性を強調したという側面があると言われている。しかし，内容的には ESD と GCED とはほとんど変わらない教育活動である。

ただし，**グローバル教育**という用語は1970年代の米国の教育界に
登場していた。また，英国では「ワールド・スタディーズ」という
名称で同様の実践が行われている。日本では，1980年代に社会科教
育関係者により，グローバル教育が紹介され導入されている。現在
でも，文科省の研究開発校である埼玉県上尾市立東中学校における
「グローバルシティズンシップ科」の実践など，地球市民教育に類
する用語は ESD や SDGs 学習とともに使用されている。SDG 4
「教育」のターゲット4.7では，次のように ESD と GCED が並列さ
れて記述されている。

> 　2030年までに，**持続可能な開発のための教育**及び持続可能なラ
> イフスタイル，人権，男女の平等，平和及び非暴力的文化の推
> 進，**グローバル・シチズンシップ**，文化多様性と文化の持続可能
> な開発への貢献の理解の教育を通して，全ての学習者が，持続可
> 能な開発を促進するために必要な知識及び技能を習得できるよう
> にする。

SDGs と日本の教育

　SDGs のなかでは，教育は 4 番目の目標である。SDG 4 は「すべ
ての人々に包摂的かつ公平で質の高い教育を提供し，生涯学習の機
会を促進する」となっていて，7 つのターゲットが示されている。
　ターゲット4.1～4.4において，2030年までにすべての子どもが，
就学前教育，初等教育，中等教育，高等教育，職業技術教育を修了
ないしはアクセスできるようにすることが到達目標となっている。
MDGs においてはすべての子どもが初等教育を修了できることが

目標であったが，アフリカ地域を除いては全員就学に近づいているために，小学校以前及び以後の教育の充実が求められたのである。ターゲット4.5では女性及び障害者，先住民など脆弱な立場にある子どもが，平等にあらゆるレベルの教育にアクセスできるようにすることが強調されている。これは，SDGs のスローガンである「**誰一人取り残さない**」という原則を教育の場合に述べているものである。ターゲット4.6は教育機会に「取り残された」若者・成人のための識字教育の必要性について言及している。ただ，SDGs では成人教育に関するターゲットにはふれられていない。

　以上のターゲットは MDGs 終了後に残された課題であり，主に開発途上国における教育機会の充実を述べている。日本には開発途上国に対する国際協力，とりわけ教育協力の分野での貢献が期待されている。しかしながら，日本においても公教育から「取り残されている」子どもや若者は存在する。例えば，子どもの貧困問題でも指摘されたように，義務教育以降の高校進学や大学進学において貧困家庭の子どもが厳しい状況に置かれていることなどである。この問題は SDG 1 の貧困にも深く関わっている。

　SDG 4 に関連して，日本の教育が考えるべきことは教育協力，子どもの貧困問題とともに，ESD の推進が上げられる。前述のターゲット4.7では，ESD，ジェンダー教育，平和教育，グローバル市民教育，多文化教育などを2030年までに推進することが述べられている。これを受けて，文部科学省は2020年度から実施される**学習指導要領**の前文で，これからの教育の目的を次のように説明している。

　　これからの学校には，こうした教育の目的及び目標の達成を目

指しつつ，一人一人の児童が，自分のよさや可能性を認識するとともに，あらゆる他者を価値のある存在として尊重し，多様な人々と協働しながら様々な社会的変化を乗り越え，豊かな人生を切り拓き，持続可能な社会の創り手となることができるようにすることが求められる。

　文中にある「こうした教育の目的及び目標」とは1947年制定の教育基本法に示された「平和で民主的な国家及び社会の形成者」のことである。学習指導要領において，育てるべき人間像が示されたのは，実に70年ぶりのことである。2020年代（すなわちSDGs達成までの期間）の教育の目的が「持続可能な社会の創り手」を育てることであると明記されたことにより，SDGsを含む教育内容が新しい時代の学習において最重点項目となったといっても過言ではない。

第4章　参考資料
日本国際理解教育学会編（2021）『国際理解教育を問い直す―現代的課題への15のアプローチ』明石書店
J.W. ボトキン著／大来佐武郎監訳（1980）『限界なき学習―ローマ・クラブ第6レポート』ダイヤモンド社
田中治彦・杉村美紀編（2014）『多文化共生社会におけるESD・市民教育』上智大学出版
佐藤真久・田代直幸・蟹江憲史編（2017）『SDGsと環境教育―地球資源制約の視座と持続可能な開発目標のための学び』学文社
開発教育協会編（2021）『SDGs学習のつくり方―開発教育実践ハンドブックII』開発教育協会
開発教育研究会（2000）『新しい開発教育のすすめ方II　難民』古今書院
藤原孝章（2008）『新版シミュレーション教材「ひょうたん島問題」―多文化共生社会ニッポンの学習課題』明石書店
UNESCO（2005）Education for Sustainable Development, http://www.unesco.org/new/en/education/themes/leading-the-international-agenda/education-for-sustainable-development/〈最終閲覧2015. 9.10.〉

　第二部では，SDGs がテーマとしている開発，環境，人権，平和という 4 つのグローバル課題について，さらに戦後世界に立ち返って考えてみたい。持続可能な開発には，環境問題と開発問題の統合というテーマがあった。環境問題がグローバルな課題として認識されるようになったのは1972年のストックホルムの**国連人間環境会議**である。開発問題がグローバルな課題となったのは1961年の**「第 1 次国連開発の10年」**以降である。さらに，SDGs のスローガンは**「誰一人取り残さない」**であり，グローバルな人権問題が重要なテーマである。人権問題は1948年の世界人権宣言にまで遡ることができる。SDGs の16目標は「平和と公正をすべての人に」である。平和と核の問題は第二次世界大戦終結時にすでに発生していた東西問題が原点である。すなわち，SDGs が扱っている17目標は，平和問題（東西問題），開発問題（南北問題），環境問題，人権問題という 4 つのグローバル課題が重層的に折り重なって成立している。第二部では，この 4 つのグローバル課題についてそれぞれ解説して，SDGs の成り立ちや構造をより明らかにしたい。

第一部	第二部	第三部
地球サミット〜SDGs	SDGsまでの歴史	SDGs以降の課題・展望
◀ 現状（2023）▶	歴史（1945）◀	未来（2030）▶

第5章　戦後の4つのグローバル課題

　SDGsにつながるグローバルな課題は大きく分けて4つある。第一は**東西問題**であり，核兵器と平和の課題であった。第二は**南北問題**であり，開発途上国の課題を扱う開発問題である。第三は地球規模の**環境問題**であり，現在の気候変動や生物多様性の課題につながる。第四は**人権問題**である。SDGsでは「誰一人取り残さない」とされる女性，子ども，高齢者，障害者，先住民族，移民などの課題である。これらの課題とSDGsとの関連をみていこう。

東西問題―核と平和

　筆者が小学校から高校時代を過ごしたのは1960年代であるが，子供心にも冷戦や**核兵器**のことを意識していたのを思い出す。米国とソビエト連邦（ソ連；今のロシアの前身）による核実験が頻繁に行われていて，降り注ぐ雨のなかに放射能が含まれていると言われていた。核実験の後の雨の日には帽子をかぶってしっかり傘を差すように注意されたほどである。当時普及しつつあった白黒テレビからは，第五福竜丸の被爆，キューバ危機，ベトナム戦争，宇宙開発競争などのニュースがしばしば流されていた。当時はグローバル課題（global issue）という用語はなかったけれども，東西対立による**冷戦**はまぎれもなく最初の地球規模の問題であった。

　東西冷戦の起源は，第二次世界大戦の戦後処理をめぐる米英ソの首脳によるヤルタ会談（1943年）に求められる。ヒトラーのドイツと戦うために手を結んだ3カ国ではあったが，その戦後処理については同床異夢であった。ソ連はその占領下にあった，東ドイツ，ポーランド，チェコスロバキア，ハンガリーなどの東欧諸国をその

勢力下において，ソ連の直接の影響下にある社会主義政権を各国に樹立した。後に，**コメコン**という経済協力機構を結成し，さらに軍事同盟として**ワルシャワ条約機構**を創設する。いっぽう，東欧におけるソ連の覇権と社会主義の浸透をおそれた米国は，西欧諸国の復興のために**マーシャル・プラン**を策定して経済援助を行った。そして，**NATO（北大西洋条約機構）**という軍事同盟を結成する。ここにおいて，米国を盟主とする西側自由主義陣営と，ソ連を盟主とする東側社会主義陣営との対立が決定的となった。

　東西対立は，欧州大陸に留まるものではなかった。1949年，中国共産党は内戦に勝利して中華人民共和国を建国した。北緯38度線を境に分断されていた朝鮮半島では，1950年に北朝鮮が韓国に進軍して**朝鮮戦争**が勃発した。米国は国連軍として参戦し，その後中国も義勇軍を送って参戦した。戦争は1953年まで続き休戦協定が締結されて，朝鮮半島の分断が固定化した。フランスの植民地支配から独立したベトナムも南北に分断されていた。米国は南ベトナムを支援するために1964年にベトナム戦争に介入し，一時期は54万人の兵士を派遣した。**ベトナム戦争**は1975年のサイゴン陥落まで続き，ベトナムは北ベトナムによって統一され，米国は史上初めての敗戦を経験した。アジアにおける東西対立は冷戦ではなく，米ソの代理戦争としての「熱戦」であった。

　東西対立が深刻であったのは，第三次世界大戦に発展する危険性を常にはらんでいたのみならず，米ソ両国が大量の核兵器を保有したためいったん戦争が起きると人類滅亡の危機が現実の問題であったからである。そのことを思い知らされたのが1962年の**キューバ危機**である。前年カストロによって社会主義政権を樹立したキューバに対して，ソ連が核ミサイルを秘密裏に配備していることが発覚し

た。米国はこれに対して海上封鎖という措置をとり，ソ連がこれを無視したことから，両者の間で一発触発の危機が訪れた。核戦争が起きれば両国とも壊滅的打撃を受けるという瀬戸際で，ソ連は核兵器の撤収に合意してキューバ危機は回避された。これを機に，偶発戦争を避けるため両国の間にホットラインが引かれるなどの緊張緩和策が講じられた。しかし，両国による核開発はその後も続き，1986年には世界の核弾頭は7万発にも達した。

　東西冷戦は1989年に**ベルリンの壁**が撤廃され，1991年にソ連が解体するまで続いた。東西対立は，軍事，政治，イデオロギーのみならず，宇宙開発，経済援助，市民運動，教育，スポーツといった市民生活のさまざまな分野に及び，まさに戦後最初で最大のグローバル課題であった。

南北問題—開発と援助

　1959年，英国ロイド銀行頭取の**オリバー・フランクス**は米国での講演で「先進国と低開発地域との関係は南北問題として，東西対立とともに現代世界が直面する二大問題である」と指摘した。第二次世界大戦後，旧植民地であったインドネシア，フィリピン，インドなどアジア諸国は次々に独立していった。1960年にはアフリカの17カ国が独立して「**アフリカの年**」と言われた。しかしながら，これらの国々は植民地時代の従属的な経済関係のせいで，経済的な自立には至っていなかった。

　1961年に米国第35代大統領に就任したジョン・F・ケネデイは，同年12月の国連総会で1960年代を「**国連開発の10年**」とすることを提唱した。国連で採択された決議では，開発途上国全体のGDP（国内総生産）の年平均成長率を1960年代末までに5％以上に引き上

げることが目標とされて，先進各国がこれに向けて国際協力すべきことが規定された。途上国が経済発展するうえで決定的に欠けていたのが資本と技術であり，国連開発の10年計画では先進国から資金と先端技術を移転することが求められた。米国は経済基盤の弱い開発途上国が革命や混乱のなかで東側についてしまうことを恐れていた。「開発の10年」は米ソの援助競争が繰り広げられた時期でもあった。

1962年には **UNCTAD（国連貿易開発会議）** が設立された。「援助より貿易を」をスローガンに一次産品（原料や食料）の価格安定のためのしくみづくりや，途上国からの工業製品輸出を促進するための一般特恵制度などが提言された。経済分野において開発途上国が結集する場ができ，当初の参加国が77カ国であったことから，当時G77という言葉が途上国を指す用語として使用された。いっぽう，西側先進国グループも1961年に **OECD（経済協力開発機構）** を発足させた。この組織内に **DAC（開発援助委員会）** が設けられて，援助供与国側の共同機関として現在に至るまで活動している。

「南」の国々がその存在感を示したのは，1973年の **オイル・ショック** であった。同年10月に起きた第四次中東戦争において，OPEC（石油輸出国機構）諸国は石油戦略をとり，原油の禁輸と価格の4倍引き上げを実行した。その結果，日本を含めた先進工業国の経済は大きな打撃を受けた。国連は非同盟諸国の要求により1974年に国連経済特別総会を開催した。この総会では非同盟諸国とOPECの急進派が会議をリードして「**新国際経済秩序（NIEO）**」樹立のための宣言と行動計画を採択させることに成功した。新国際経済秩序とは，天然資源について保有国の主権を確立することと，先進国主導のもとにつくられた国際通貨基金などの国際経済秩序に代わる新し

い国際経済体制の確立を目指すものであった。

　オイル・ショックは日本の外交の転換点ともなった。日本は食料もエネルギーも工業製品の原料も諸外国，とくに開発途上国に大きく依存していたことが明らかになり，アジアや中東外交を根本的に見直すこととなった。1978年には**政府開発援助（ODA）**を3年間で倍増させる計画を立て，本格的に国際協力に乗り出すことになる。

環境問題—公害と森林破壊

　3番目のグローバル課題として現れたのが環境問題である。1950年代後半から1960年代にかけて先進工業国は急速な経済発展をした。その影で発生したのが**公害問題**である。熊本県水俣市では，1953～1960年に魚や貝を食べていた漁民や周辺の人が手足や口のしびれる症状を訴え，死者も出た。原因は，チッソ水俣工場の廃液に含まれていたメチル水銀であった。後に，**水俣病**は，四日市ぜんそく，イタイイタイ病　新潟水俣病とともに裁判になり，四大公害裁判と呼ばれた。いずれも原告が勝訴し，原因企業から賠償金の支払いと，国に対して被害者認定の遅れが認められた。

　多くの国々が国境を接している欧州では，国を超える公害が問題となった。**酸性雨**は工場，自動車などから排出される大気汚染物質で，主として二酸化硫黄と窒素酸化物が，雨に溶け込むことにより生成される。1950年代にノルウェー，スウェーデン，フィンランドの北欧3国では酸性雨により湖沼から魚が消え，釣り人たちの間で問題となっていた。1970年代の中頃から，旧西ドイツの代表的な森林地帯である「黒い森」のマツやモミなどの樹木の立ち枯れが各所で観察されるようになった。ロンドンのウェストミンスター寺院やドイツのケルン大聖堂にも被害が及んだ。いっぽう，米国では水産

生物学者で作家でもあった**レイチェル・カーソン**は，1962年に『**沈黙の春**』を発表して，DDTなどの農薬が深刻な環境悪化を招くことを警告した。その後米国政府によりDDTの使用が全面的に禁止され，これをきっかけに環境保護運動が大きく広がった。

　米国，欧州，日本などの先進工業国における環境問題の広がりを受けて，1972年にスウェーデンのストックホルムで「かけがえのない地球（Only One Earth）」というスローガンのもとに**国連人間環境会議**が開かれた。会議には113カ国が参加し，環境問題が国境を越えたグローバルな課題であることが認識された。最終的に「人間環境宣言」と「人間環境のための行動計画」が採択された。会議では公害問題のみならず人間居住，天然資源管理，有害物質，環境教育・情報，開発など広範な問題が取り上げられて，世界の環境問題の広がりが明らかになった。同年，国連総会は，**国連環境計画（UNEP）**を創設した。

　開発途上国側は，環境問題は先進国が起こした問題であるとして，この問題に対して熱心ではなかった。途上国は環境対策により自国の経済発展が制限されてしまうことを恐れていた。しかしながら，1970年代後半には熱帯林の急激な減少により，開発途上国にも深刻な環境問題があることが指摘された。これは，焼畑移動耕作の拡大や家畜の過放牧，薪炭材や輸出用の用材丸太の過剰採取，森林火災等の要因による。熱帯林の減少は，森林に生活基盤を置く先住民族などの人々の生活の悪化，**生物多様性**の喪失，地球温暖化の促進など，さまざまな問題を引き起こす。**熱帯林**の喪失には先進国の企業による商業的な森林伐採も原因とされ，先進国側にも責任があり，南北問題とも関係していてまさにグローバルな課題であった。

　先進国のみならず途上国も含めた世界的な環境問題に対処するた

めの戦略を策定することを目的として，1984年にはノルウェーの元首相をリーダーとするブルントラント委員会が発足した。委員会は4年の審議の後，1987年に『我々の共通の未来』と題する報告書を発表する。「将来世代のニーズを損なうことなく現在の世代のニーズを満たすこと」という「持続可能な開発」の概念を打ち出した。持続可能な開発は，1992年の地球サミット（国連環境開発会議）において国際的な公約となり，SDGsの原点となる。

人権問題—女性・子ども・先住民族の権利

　人権問題がグローバルな課題として認識されたのは，1948年の**「世界人権宣言」**からである。第二次世界大戦中において，特定の人種の迫害，大量虐殺など，人権侵害・人権抑圧が横行した。このような経緯から，人権問題は国際社会全体に関わる問題であり，人権の保障こそが世界平和の基礎であるという考え方が生まれた。そこで1948年12月の国連第3回総会（パリ）において，「すべての人民とすべての国とが達成すべき共通の基準」として世界人権宣言が採択された。

　世界人権宣言は，基本的人権尊重の原則を定めたものであり，それ自体は法的拘束力をもたないが，初めて人権の保障を国際的にうたった画期的なものであった。この宣言は，すべての人々がもっている市民的，政治的，経済的，社会的，文化的分野にわたる多くの権利を内容とし，前文と30の条文からなっている。世界各国の憲法や法律に取り入れられるとともに，さまざまな国際会議の決議にも用いられ戦後世界に強い影響を及ぼしている。世界人権宣言で規定された権利に法的な拘束力をもたせるため，「経済的，社会的及び文化的権利に関する国際規約（A規約）」と「市民的及び政治的権

利に関する国際規約（B規約)」の二つの**国際人権規約**が採択された。

　しかしながら，世界人権宣言のみでは，すべての人々の権利を保障するには十分ではなかった。米国では，1950～60年代にかけて黒人差別を撤廃するための**公民権運動**が起きた。また，1960～70年代にかけては「ウーマン・リブ」と呼ばれる女性解放運動が行われた。世界人権宣言の「人＝man」は，「男子，成人」を指しているのではないかという疑問も呈された。その後の国際人権に関する運動は，「取り残された人々」すなわち，女性，子ども，障害者，難民，先住民族などの権利を保障するための国際的な枠組みを構築することに焦点が当てられた。

　国連は1975年を「**国際婦人年**」とし，メキシコシティにおいて第1回世界女性会議が開かれた。この会議では，各国の経済，政治，社会，文化制度における女性の地位向上のための「世界行動計画」が採択された。以後，コペンハーゲン（1981)，ナイロビ（1985)，北京（1995）で世界女性会議が開催された。コペンハーゲンで開催された第2回世界女性会議では，「**女子差別撤廃条約**」の署名が行われた。

　1979年は「**国際児童年**」であり，10年後の1989年には国連で「**子どもの権利条約**」が採択された。同条約では，子どもには「生

北京＋10会議の様子（写真提供：アジア女性資料センター）

存」「発達」「保護」「参加」の4つの権利があるとされた。とく
に，意見表明を含む参加権を認めたことは画期的であった。

1993年は国連が定めた**国際先住民年**であった。2007年には国
連総会で「先住民族の権利に関する宣言」が採択された。日本政府
はそれまでアイヌを先住民族とは認めてこなかったが，2008年の国
会決議を受けてアイヌを先住民族として認めることとなった。その
後の政府の施策はアイヌの文化振興に偏っていて，政治，経済，土
地所有など先住民族の権利の回復としてはいまだ不十分である。

このほかにも，難民，障害者，移住労働者の権利などを条約や宣
言で国際的に保障していくための取組が継続的に行われている。人
権問題がグローバルな課題として認識されてきてはいるものの，人
権擁護の営為はまだ途上である。

グローバル課題の相互関連性

第二次世界大戦後の平和，開発，環境，人権の4つのグローバル
課題はそれぞれ異なった文脈から生じている。それらの課題が実は
相互に関連しあってい
て，全体として同時に
解決を目指さなければ
ならないという認識が
生まれて SDGs へとつ
ながるのである。

図5−1　戦後4つのグローバル課題と SDGs

第6章　南北問題―開発と援助

　英国ロイド銀行の頭取であった**オリバー・フランクス**は1959年に米国での講演で，「先進国と低開発地域との関係は南北問題として，東西対立とともに現代の世界が直面する二大問題のひとつである」と語った。フランクスの講演は翌年「新しい国際均衡―西欧世界への挑戦」と題してサタデー・レビュー誌（1960年1月16日号）に掲載されて，「**南北問題**」という用語とともにその問題に注目が集まるようになった。戦後のグローバル課題としては，核と平和の問題（東西問題）が最初にあり，南北問題（開発問題）は第二のグローバル課題であった。

南北問題の起源

　南北問題とは，先進工業国と開発途上国との経済格差に起因するさまざまな問題の総称である。先進工業国は，欧州，北米，日本など地球上で北側に位置する国が多く，開発途上国は，アジア，アフリカ，南米など南側に位置する国が多いため，**南北問題**という用語が使用される。米国とソ連との間の軍事対立が東西問題と呼ばれたため，これに比肩する課題として認識されるようになった。

　南北の経済格差の起源は欧米諸国による植民地支配にまで遡ることができる。第二次世界大戦後に，それらの国々が次々独立を達成した。アジアと中近東諸国は世界大戦終了後の1940～50年代に独立した。またアフリカ諸国は1960年代に植民地支配から逃れていった。1960年にはアフリカの17カ国が独立して「**アフリカの年**」と呼ばれた。しかしながら，政治的に独立を達成したこれらの国々も，植民地時代の従属的な経済構造のために経済的な自立が困難であっ

た。すなわち，これらの国の主な産業は農業と鉱業であり，植民地時代には旧宗主国のために食料と原料を供給することが求められていた。旧宗主国はこれらの資源を活用して付加価値の高い工業製品をつくり，それらを再び植民地などに輸出して利益を上げていた。

　後に**開発途上国**と呼ばれるグループが結束するきっかけとなったのが，インドネシアのバンドンで1955年に開かれた**アジア・アフリカ会議**である。この会議にはインドなどの非同盟諸国，フィリピン・パキスタンなど親欧米諸国，中国・北ベトナムなど社会主義国が参加した。ここで採択された平和10原則には，反植民地主義と民族自決の原則が掲げられ，アジア・アフリカ諸国の連帯がうたわれた。この会議の趣旨は1961年の**非同盟諸国会議**へと引き継がれる。バンドン会議の目的は主に政治的なものであったが，国際協力の推進も10原則のなかに含まれていた。これが1964年のUNCTAD（国連貿易開発会議）の結成に寄与している（137頁参照）。

国連開発の10年計画

　1961年1月に就任した米国35代大統領ジョン・F・ケネディは同年12月の国連総会で演説して，1960年代を「**国連開発の10年**（United Nations Development Decade）」とするように提唱した。これを受けて全会一致で採択された二つの決議では，開発途上国全体のGDP（国内総生産）の年平均成長率を1960年代末までに少なくとも5％に引き上げることが具体的目標として設定されて，これに向けて先進各国が国際協力すべきことが述べられた。これらの決議は国連が南北問題に積極的に取り組むことを表明した点で画期的なものであり，かつ西側先進国がこぞって開発問題に参加する気運を生み出した。

国家間の国際協力の原型は，第二次世界大戦後のヨーロッパ諸国の戦災復興のために米国が行った**マーシャル・プラン（欧州復興計画）**であった。この計画によって，1948〜1951年にかけて合計125億3400万ドルの援助が西ヨーロッパ諸国に供与された。国連開発の10年計画はマーシャル・プランの経験をもとに構想されている

　開発途上国に対する本格的な援助は，かつて世界中に広大な植民地をもっていた英国によってなされる。1950年に始まる**コロンボ・プラン**である。これは南アジア・東南アジア地域における経済開発協力機構であり，コロンボで1950年1月に開かれた英連邦外相会議で提案された。当初，農業開発を中心として6カ年計画でスタートしたが，その後分野も拡大されて何度も延長される。また英連邦に限らず計26カ国が参加し，日本も1954年にコロンボ・プランに参加している。日本の最初の円借款は1958年にインドに対して実施されたが，これはコロンボ・プランの一環で行われたものである。

　国連開発の10年計画の理論的な根拠になっているのが経済学者ウォルト・W・ロストウらによる**「近代化論」**である。ロストウはすでに近代化を達成した欧米諸国こそが新たに独立した新興国家のモデルであると考えた。しかし，新興国には近代化のために必要な資本蓄積と技術革新に欠けているため，これを先進国から移転することで近代化を促進できると主張した。実際，開発の10年計画においては米国を中心とする西欧諸国から途上国に対して多額の資金と技術の提供が行われた。

　いっぽう，1960年代は米ソの対立が深刻化する**冷戦**の時代でもあった。米国や西側諸国は経済基盤の弱い開発途上国が革命や混乱のなかで東側についてしまうことを最も警戒していた。第1次国連開発の10年の時期は，冷戦下で米ソの援助競争が繰り広げられた時

期でもあった。

UNCTAD（国連貿易開発会議）の発足

　1960年代には南北問題に関する国際諸機関が整備された。1962年には国連総会と経済社会理事会が**UNCTAD（国連貿易開発会議）**の設立を決議したのを受けて，1964年に第1回の会合がジュネーブで開催された。初代事務局長となったアルゼンチン人のラウル・プレビッシュはこの会議に『開発のための新しい貿易政策を求めて』と題する報告書を提出した。**プレビッシュ報告書**は，開発途上国の貿易赤字を解消するためには先進国と途上国が一体となった新しい貿易政策が必要であると述べ，「援助よりも貿易を」をスローガンにその後の UNCTAD の方向づけをする。その内容は，①一次産品価格安定のためのしくみとして国際商品協定の締結，②途上国からの工業品輸出を容易にするため，先進国側が途上国に特恵を与える一般特恵制度の導入，③交易条件の悪化の影響を相殺するための補償融資制度の導入である。

　UNCTAD によって経済分野において第三世界諸国が結集する場が形成された。第1回 UNCTAD の準備会合に参加した開発途上国77カ国をもじって G77 という用語がしばらくは開発途上国グループの呼び名となった。**開発途上国**（developing countries）という用語が，後進国（backward countries），低開発国（less developed countries）に代わって一般に使用されるようになったのは UNCTAD 会合以来である。

　いっぽう，西側先進国側も1961年に**OECD（経済協力開発機構）**を発足させた。これはマーシャル・プランの受け入れ機関であった OEEC（欧州経済協力機構）を改組したものである（133頁参照）。

OECD 内に **DAC（開発援助委員会）** が設けられ，開発途上国に対する援助供与国側の共同機関として，現在に至るまで活動している。日本は1964年に OECD に加盟した。

従属理論と NIEO

第 1 次国連開発の10年計画の終了時で開発途上国の GDP は年率5.5％という結果となり，目標としていた年率 5 ％を一応クリアした。1970年 9 月に国連総会で採択された**第 2 次国連開発の10年計画**では，経済成長率の目標を年率 6 ％とし，農業生産，製造業生産，輸出などの個別のマクロ指標についても目標値を設定した。先進国の政府開発援助額を GNP 比0.7％を目標とすることを求めたのはこのときである。

しかしながら1960年代に高度経済成長を遂げた先進工業諸国との経済格差は一段と拡大し，世界の輸出に占める途上国の比率は低下していて，途上国側の不満といらだちがさまざまな国際会議で表明された。プレビッシュは「中心─周辺理論」といって世界の中心に位置する先進国は貿易と投資により周辺部の途上国から富を吸い上げますます豊かになるという「従属理論」を提起していた。アンドレー・G・フランクやサミール・アミンはプレビッシュの理論を発展させる形で，マルクスの国内での資本家階級と労働者階級の対立を国家間の対立に置き換えた「**新従属理論**」学派を形成していた。これらの理論を背景に，1970年代には「**新国際経済秩序（NIEO）**」の主張が第三世界の政治家たちから起こってきた。NIEO の背景には欧米先進国の支配のもとにできあがった IMF（国際通貨基金）や**GATT（関税及び貿易に関する一般協定）** に象徴される国際経済体制を根本的に突き崩していかねば，途上国はいつまでたっても経済的

な従属から逃れられないという認識がある。具体的には，天然資源についての主権の確立と，不公正な既存の国際経済体制に代わる新体制の確立の前提となる主権の平等の概念を提起している。

　いっこうに経済格差が縮まらないフラストレーションをもつ南の国々にとって NIEO の議論は魅力的であった。1973年９月アルジェにおいて開催された第４回非同盟諸国首脳会議では「経済宣言」が採択され，天然資源恒久主権（資源ナショナリズム）の立場が強く打ち出された。同年10月，第４次中東戦争の勃発とともに OPEC（石油輸出国機構）諸国は石油戦略をとり，原油の禁輸と価格の４倍引き上げを強行した。その結果，先進工業国のみならず世界経済全体に大きな打撃を与えた（オイル・ショック）。このことは開発途上国側に大いに自信をもたせた。

　国連は非同盟諸国の要求によって1974年に国連経済特別総会を開催した。この総会では非同盟諸国と OPEC の急進派が終始会議をリードして，「新国際経済秩序」樹立のための宣言と行動計画を採択させることに成功した。

世銀の BHN 戦略

　1960年代を通じて途上国に投入した多額の援助がいっこうに効果を上げないことに対する不満は先進国側にも溜まっていた。1960年代の戦略は経済全体のパイを大きくする中で国民一人ひとりの取り分を増やすものであったが，その前提には成長の果実が次第に社会の上層から下層へと浸透していく**トリクル・ダウン効果**という仮説があった。しかし，実際には社会のわずか１〜２割の層が国の経済と政治権力を握っている途上国にあっては，成長の果実は上層部に留まってしまって一般民衆には一向に浸透していかない。その結

果，国のなかの貧富の格差が拡大し，開発が新たな社会不安の火種になるという逆の効果を生んでしまうケースも多かった。

第1次国連開発の10年計画で中心的な役割を果たした米国は1973年に対外援助法を改正して援助の新方針を打ち出した。これは援助の配分にあたって，農業，人口計画，保健衛生，教育などの分野を優先して，貧困層や社会的弱者を対象としたプログラムに重点を置くものであった。米国の影響が強い世界銀行にもこの考え方が反映されて，ロバート・マクナマラ総裁の下で「**人間の基本的ニーズ（BHN）**」重視の開発戦略が打ち出された。**BHN 戦略**は，経済成長の果実を社会の上層部が独り占めするのではなく，これを貧困層に及ぼすという所得再分配を強調した開発アプローチである。BHNには衣食住，教育，医療という人間として生きていくうえでの基本的なニーズが含まれていて，日本国憲法25条でいう「健康で文化的な最低限度の生活を営む権利」に相当する。世銀が提起した BHN 戦略はその後 ILO（国際労働機構）や OECD にも採用されて，1970年代の援助供与側の開発戦略の一つとして重要な位置を占めるようになる。

1960年代の開発のアプローチが先進国から途上国への大規模な資金と技術の移転であったのに対して，1970年代の南北問題の主要テーマは，南の側からは国際経済体制の構造的改革を求めた「新国際経済秩序」であり，北の側からは貧困層への所得再配分を求めた「人間の基本的ニーズ」戦略であった。

日本の政府開発援助（ODA）

日本の経済協力は戦争で多大な損害を与えたアジア諸国への賠償という形で始まった。1954年にビルマ（今のミャンマー）と最初の

賠償協定を締結し，フィリピン，インドネシア，南ベトナムと協定を結んだ。賠償支払請求権を放棄した国々に対しては戦後処理として準賠償に関する取り決めが成立し無償資金協力が行われた。準賠償が実施されたのは，ラオス，カンボジア，タイ，マレーシア，シンガポール，ビルマ（賠償とは別に），韓国，ミクロネシアである。1954年には**コロンボ・プラン**への参加という形で技術協力も始められた。最初の円借款（有償資金協力）もコロンボ・プランの一環として1958年にインドに対して供与されたものであった。

　いっぽう，1950年代は日本が戦後復興を行っている最中であり，日本は米国や世界銀行から援助を受けていた。東京オリンピックが開かれ，日本が先進国の仲間入りをした1964年の時点で，世界銀行からの借入金は5.3億ドルに及び，世銀の援助先としては世界第2位であった。これらの資金によって，東名高速道路，東海道新幹線，黒部第四ダム，愛知用水などが建設された。その借入金の返済は1990年まで続いた。

　1961年には海外経済協力基金，1963年には海外技術協力事業団（**国際協力事業団**の前身）が発足して国際協力の実施体制が整備された。米国の平和部隊をモデルにした**青年海外協力隊**事業も1965年に始まっている。2008年以降は，これらの組織は**JICA（国際協力機構**）に統合されている。日本の国際協力の政策の転機となったのが1976年の福田ドクトリンである。日本はこの頃多額の貿易黒字を抱えて海外からの批判を受けていた。また，Ｇ7で先進国としての役割を国際協力によって果たすように求められていた。1977年より「政府開発援助3年倍増計画」，1981年からは「5年倍増計画」を実施した。その結果，日本のODAは1977年に約14億ドルであったものが，1989年には約90億ドルと6.4倍に伸びている。この年には，

日本の ODA 額は米国を抜いて世界一となった。ただし，国際的な目標となっている対 GNP 比0.7％には達しておらず，その後も0.3％前後で推移している。

インドシナ難民問題と NGO

1975年ベトナム戦争の終結に伴い，インドシナ三国（ベトナム・ラオス・カンボジア）は相次いで社会主義政権に移行した。ベトナムでは，旧南ベトナム政府や軍の関係者，資産家などが新体制下で迫害を受けたり，新体制に不安や不信をもち，いわゆるボートピープルとして漁船などの小型船に乗って直接周辺諸国へ脱出した。カンボジアでは，ポル・ポト政権が王政を廃止し民主カンボジアを樹立し，旧政権関係者の大量粛清，生産手段の国有化，都市住民の農村への強制移住など急進的な改革を進めた。そのため，大量のカンボジア難民が陸路でタイ領内に流出した。1979年をピークに国外に逃れた**インドシナ難民**の総数は144万人にものぼる。

日本では，東北タイ（イサン）に逃れてきた難民を救援するための活動が民間レベルで広範に起こった。難民救援の NGO（民間国際協力団体）として，日本国際ボランティアセンター，シャンティ国際ボランティア会，難民を助ける会などの NGO が創設された。日本において外国で大規模な支援活動が行われたのは初めてのことである。以後，難民問題に限らず，農村開発，教育，保健医療，スラム改善など多分野での民間の手による国際協力が行われる。1987年には NGO の連合体である**関西 NGO 協議会**と**国際協力 NGO センター（JANIC）**が発足して，1990年頃には200を超える NGO が活動している。

民間による国際協力は，第 1 次国連開発の10年計画の前後に欧米

の団体によって開始されていた。この時期，NOVIB（オランダ，1956），クリスチャン・エイド（英国，1957），CUSO（カナダ，1961），国境なき医師団（フランス，1971）など各国を代表するNGOが誕生している。日本でも民間協力の草分け的な団体としては日本キリスト教海外医療協力会（JOCS，1960），オイスカ産業開発協力団（1961），シャプラニール＝市民による海外協力の会（1972）などがある。

　政府や国際機関による国際協力は相手国政府との間で行われるために，民衆の利益ではなく政府を構成しているエリート層の利害関係に左右されやすく，かつ腐敗を招きやすい。これに対してNGOによる国際協力は，直接援助を必要としている民衆に入っていくことができる。NGOが対象としているのは主に，零細農民，漁民，女性，子ども，スラム住民，少数民族などであり，それぞれの国で「取り残された」人々である。また，NGOの資金は主として先進国の市民からの募金に頼っていて，その規模はODAに比べると桁違いに小さいが，NGOは限られた資金や人材のもとで効率のよい活

クロントイ・スラム（タイ，1980年頃／写真提供：シャンティ国際ボランティア会）

動を行って成果を上げている。また，NGO が行う広報，教育活動は先進国の市民の間に南北問題に対する関心を高めることにつながっている。何より，NGO は外交がなく，政府が入り込めない国においても人道的な活動を実施することができる。

　国際協力の歴史が長い欧米諸国では政府が NGO 活動のメリットを認識して，ODA 資金の一部を民間団体に回していた。日本でも1989年に外務省が「**NGO 事業補助金制度**」を開始した。1991年には「**郵政省国際ボランティア貯金**」が始まった。これは郵便貯金の利子の20％を NGO が行う海外援助事業に寄付してもらう制度である。1990年代には政府の ODA が世界一の額になり「援助ブーム」が起き，NGO が行う国際協力活動にも注目が集まることとなった。

失われた1980年代

　1980年代は NIEO（新国際経済秩序）により途上国の貿易が伸び，BHN（人間の基本的ニーズ）戦略により途上国の生活が改善されるはずであった。しかし，振り返って1980年代は「**失われた80年代**」と呼ばれている。

　1970年代の 2 度のオイル・ショックを経験した先進国側は，石油依存から脱却するためにエネルギー源を原子力発電などへの多角化を進め，また「省エネ」により石油消費を大幅に減らした。そのため1982年頃から石油の国際価格は下落し，「逆オイル・ショック」となって石油産出国の経済に打撃を与えた。逆オイル・ショックは石油のみならず一次産品市場全体の低落をもたらした。これによりメキシコ，ヴェネズエラなどの中南米諸国では新たに債務不履行問題が発生した。これらの国では工業化のために民間銀行から借り入れた資金が石油など一次産品の価格下落のために返済できなくなっ

てしまったのである。**累積債務問題**はそれを発生させた途上国のみ
ならず，世界の金融市場の信用に不安を与えて1980年代最大の国際
金融問題となった。

　この問題に対処するために世界銀行と IMF がとった政策が「**構
造調整**」である。債務危機から脱出するためには返済のための資金
を生み出せるような「構造」にしなければならないということで，
行政の合理化や工業化によって経済効率を上げ，外貨となる資金を
獲得することが求められた。これを目的とする構造調整資金は，途
上国の国際収支の改善を目的に，融資の条件として「公企業の民営
化」「貿易・投資の自由化」「通貨供給量の抑制」「金利の引き上
げ」などを課した。そのため，融資を受けた途上国では教育，保健
医療，福祉などの財源がまずカットされた。そのしわ寄せは女性や
子どもそして貧困層など社会的に弱い立場にある人々に及ぶことに
なる。例えば，教育の分野では初等教育ですら有償化されて家計が
圧迫され，中途退学や就学率が下がるということが起きた。また，
低コストでの国際競争力を維持するために，労働者が長時間労働や
福利厚生軽視の労働条件で働かねばならなかった。中南米諸国では
1980年代に国民生活のレベルが悪化した国が多い。

　1980年代前半にはアフリカ大陸で深刻な問題が生じていた。サヘ
ル地方（サハラ砂漠南縁部）は慢性的な干ばつに襲われて食料不足
の状態であった。これに内乱や政治的混乱が加わり，ソマリアやエ
チオピアでは一部の地域で飢餓状態を生じていた。1983年で緊急食
糧援助を必要とした国は22カ国にも上った。国連総会はこの事態を
重くみて，1984年に「アフリカの危機的経済情勢に関する宣言」を
採択した。世界のマスメディアや NGO により**アフリカ飢餓キャン
ペーン**が繰り広げられた。

オルタナティブな開発論

　1970年代には，第1次国連開発の10年計画で行われた，先進国から途上国に対して資金と技術を一方的に移転して経済開発を促すやり方に対して疑問や批判が出ていた。経済開発の恩恵が一部の支配層にしか行き渡らず貧富の格差を逆に拡大させたり，環境破壊を伴ったり，地元文化を破壊したからである。そこで開発とは単に経済的な側面だけではなく，政治，社会，文化など社会構造全体に関わるという認識が生まれた。経済成長一辺倒の開発への反省から，1975年にダグ・ハマーショルド財団が「もうひとつの開発（Another Development）」という考え方を提唱した。それは次のような特徴をもっている。

① 開発の目標を経済成長ではなく，衣食住・教育・医療など人間の基本的なニーズの充足とすること

② 社会の内部の人々が自分たちの価値観に基づいて将来展望を決定すること

③ 開発は当該社会の構成員や内部の資源を活用して行われること

④ 将来世代の資源利用を考慮し，エコロジー的に健全であること

⑤ 社会の成員がみな意思決定・政策決定に参加できること

　こうした文脈のなかで生まれた新しい開発論は**オルタナティブ開発**と呼ばれて，「社会開発・人間開発」「参加型開発」「持続可能な開発」などの理論として発展した。

　従来の経済成長中心の開発観に代わって，人間そのものそして社

会の開発に焦点が当てられたのが「**人間開発**」「**社会開発**」の考え方である。UNDP（国連開発計画）は1990年に『**人間開発報告書**』を公表し，人間開発を1990年代の開発戦略の中心に位置づけることを提言した。社会開発の考え方は人間開発が可能となるような社会条件を整備することに主眼が置かれたものである。社会開発の理論の基礎となるのは，人間優先の開発分野の重視であり，栄養，飲料水，識字，教育，保健医療，雇用，環境などの分野に重きを置く。そして，性差，民族などによる差別をなくし，社会的弱者の権利の擁護と**エンパワーメント**（能力及び権限の獲得）の促進を目指す。社会開発は1995年にコペンハーゲンで開かれた世界社会開発サミットにおいて国際的に認知されることになる。

OECD 内の DAC（開発援助委員会）は1989年に「1990年代の開発協力」を発表して，1990年代の開発協力を主導する理念として「**参加型開発**（Participatory Development）」を提唱した。参加型開発とは，開発の受益層自身が開発の意志決定プロセスに参加すること，そしてより公平にその恩恵を受けることが含まれる。これは民主的なシステムの確立と公平な分配を保証する概念でもある。この場合の参加は強者の参加ではなく，社会的弱者の参加である。社会的弱者とは都市のエリートに対する農村の住民，男性に対する女性，大人に対する子ども，支配民族に対する少数民族や先住民族などであり，SDGs が示している「取り残されがちな人々」に相当する。ILO など複数の国連機関は共同で調査を委託し，参加型開発の現状，方法，そして課題をまとめて『民衆と共にある開発』を1991年に発表した。

「**持続可能な開発（SD）**」については第 2 章（17頁）で述べたが，1987年にブルントラント委員会より出された報告書『我々の共通の

未来』のなかで明確にされた。持続可能な開発とは「将来の世代が自らのニーズを充足する能力を損なうことなく，現在の世代のニーズを満たすような発展」と定義された。これは従来のように開発と環境を対立的にとらえるのではなく，地球の生態系が持続する範囲内で開発を進める考え方である。現在の世代が将来の世代のための資源を枯渇させぬこと（**世代間の公正**）と，南北間の資源利用の格差すなわち貧困と貧富の格差を解消することを目指している（**世代内の公正**）。

近代化論や新自由主義経済はもとより，オルタナティブ開発論をも批判するのが**脱成長論**である。セルジュ・ラトゥーシュらが提唱していて，あらゆる開発を否定する立場である。脱成長論ではSDG 7 ～ 9 が経済成長を容認していることを批判し，人間は地域の生態系に根ざした環境に負担をかけない質素な生活を営むことを主張する。

これらオルタナティブな開発の流れを汲む開発理論の特徴は，経済開発優先ではなく，人権に基づく人間中心の開発，人間の基本的ニーズ（BHN）重視，伝統文化や地元技術の尊重，受益者自身の開発プロセスへの参加，環境の保全を目指す開発アプローチである。オルタナティブな開発については，政府間援助が主に経済開発中心であったのに対して，主として民間開発団体であるNGOの開発戦略において採用され，その実現が目指されてきた。

SDGsと開発問題

SDGsはその名のとおり「持続可能な開発」を目指す目標であるので，開発問題がその中核を成している。SDG 1 ～ 6 はもともと開発途上国の社会開発を促進するための目標群である。すなわち，

貧困，飢餓，保健，教育，ジェンダー，衛生といった BHN を満たし「最低限度の生活」を保障するための社会開発の目標である。また，SDG 7 ～ 9 のエネルギー，雇用，技術革新は，途上国と先進国に共通する経済開発系の目標である。SDG10〈人や国の不平等をなくそう〉は，各国の経済格差や社会的な格差を解消するための目標である。SDG11〈住み続けられるまちづくりを〉は都市開発に関する目標である。このように，SDG の17目標のうち，11の目標が直接開発問題に関する目標であり，SDGs の主要な目標群を構成している。

第 6 章　参考資料

田中治彦（1994）『南北問題と開発教育―地球市民として生きるために』亜紀書房

田中治彦（2008）『国際協力と開発教育―「援助」の近未来を探る』明石書店

セルジュ・ラトゥーシュ著／中野佳裕訳（2010）『経済成長なき社会発展は可能か？―「脱成長（デクロワサンス）」と「ポスト開発」の経済学』作品社

湯本浩之（2016）「さまざまな開発論」田中治彦他編（2016）『SDGs と開発教育―持続可能な開発目標のための学び』学文社，75-95頁

第7章　環境問題─公害と熱帯林

　公害問題の発生は歴史をたどると石炭を主要な燃料として使用するようになる産業革命に求めることができる。世界で最初の産業革命を行った英国では19世紀半ばには工場や家庭で使用する石炭による煙害が問題となり規制する法律もできていた。日本でも産業の近代化を目指す明治時代に足尾鉱毒事件が起きて，田中正造らによる鉱害反対運動が展開されている。**公害問題**が欧米や日本などの先進工業国の共通課題として認識され，さらに国境を超えたグローバルな課題としてとらえられるようになったのが1960～70年代である。欧州の酸性雨，米国の農薬問題，日本の水俣病などが公害問題をグローバルな課題と意識するうえで大きな影響を与えて，環境問題が東西問題，南北問題に続く第三のグローバル課題として認識されるようになった。

欧州の酸性雨問題

　国境を超えた環境問題は，狭い地域に多くの国がひしめいている欧州において最初に起きた。1950年代にノルウェー，スウェーデンなどの北欧諸国では湖沼から魚が消え，釣り人たちの間で問題となった。ノルウェー最南部の湖沼では，1940年に2500匹以上生息していたマスが1975年には半減した。その原因は酸性の雨が降っていたことであった。その原因を突き止めたのはスウェーデンの土壌科学者スヴァンテ・オーデンであった。しかし，この両国にはその汚染源は見つからず，その汚染物質は欧州中部から運ばれてきていた。

　1970年代の中頃から，ドイツの代表的な森林地帯である「黒い森

（シュバルツバルト）」でマツやモミなどの樹木の立ち枯れが観察されるようになった。チェコでも国境の山岳地帯で針葉樹が大規模に枯れた。欧州の歴史的遺産である建造物に対しても酸性雨が影響を与えている。ロンドンのウェストミンスター寺院やドイツのケルン大聖堂にも被害が及び、その補修費用は高額になっている。

酸性雨は、化石燃料の燃焼や火山活動などにより生成される二酸化硫黄や窒素酸化物により発生する。これらが大気中で硫酸や硝酸に変化した後、雨などに溶解して酸性雨となる。酸性雨は国境を超えて被害を及ぼすために、その対策には国際的な協力が必要であった。1979年、国連欧州経済委員会（UNECE）において長距離越境大気汚染条約（ウィーン条約）が採択された。この条約は主にヨーロッパにおける酸性雨などの越境大気汚染の防止対策を目的とするものである。ヨーロッパを中心に米国、カナダなど49の加盟国に越境大気汚染防止のための政策を求めるとともに、硫黄などの排出防止技術の開発、酸性雨影響の研究の推進、国際協力の実施、酸性雨モニタリングの実施、情報交換の推進などを定めていた。酸性雨問題は、公害問題が国境を超えた課題であり、その解決には各国間の協力が必要であることを認識させた最初のケースであった。

レイチェル・カーソンの『沈黙の春』

米国の海洋生物学者であり、作家でもある**レイチェル・カーソン**が1962年に出版した一冊の本が米国社会に大きな衝撃を与えた。『**沈黙の春**』と題するこの書は、次のような書き出しで始まる。

　　それは奇妙な静けさだった。鳥たちは、一体どこへ行ってしまったのだろう。人々は当惑し、動揺して鳥たちのことを話し

> た。僅かに見かける鳥は，生きているというよりも死んだよう
> で，激しく震えて飛ぶことはできなかった。それは沈黙の春だっ
> た。

　同書では，殺虫剤などの合成化学物質を無分別に大量散布することは，生態系を乱し，生物環境の大規模な破壊をもたらし，ついには人間の生命にも関わることになるという警告がなされていた。農薬の残留性や生物濃縮がもたらす生態系への影響が科学的なデータのもとに明らかにされていた。『沈黙の春』は出版後半年間で50万部のベストセラーとなった。いっぽう，農薬を製造し販売している化学企業や米国農務省らからは厳しい批判が寄せられた。しかし，同書が大きな反響を呼んだことで，当時の大統領ジョン・F・ケネディーは直属の科学諮問委員会を設置してこの問題の本格的な調査を開始する。その結果，DDTなど化学薬品が環境に及ぼす影響が彼女の指摘どおりであることが確認された。その後DDTの使用は全面的に禁止された。農薬などの化学物質の使用の規制は，その後欧州から世界中に広がった。

　カーソンの主張は単にDDTなどの化学物質の規制ということではなかった。人間が自然をコントロールし，自らの繁栄のためにそれを無制限に利用してよいのだという現代思想そのものを批判している。カーソンの死後に刊行された『センス・オブ・ワンダー』では，子どもたちが自然への畏敬の念をもち驚きを感じる感性を育てることが大切であることを強調している。カーソンの思想は，後の環境保護運動と環境教育の一つの源流ともなっている。

日本の公害問題

　欧米諸国に追いつくために1960年代に急速な経済成長を遂げた日本にあっては，その負の側面である公害問題は深刻であった。熊本県水俣市では，1953〜1960年に魚や貝を食べていた漁民や周辺の人のなかで，手足や口のしびれを訴える人が続出し死者も出た。1963年，**水俣病**はチッソ水俣工場の廃液に含まれていたメチル水銀に汚染された魚介類を食したことが原因であるとの公式発表がなされた。1968年には，国は水俣病が公害病であることを公式認定した。認定された患者数は最終的に2200人であった。そのほかにも，何らかの救済措置を受けた被害者は4万7000人に上っている。

　富山県神通川流域で発生していた**イタイイタイ病**は，すでに1920年代から表面化していたが，原因が特定されたのは1968年である。鉱山の鉱滓から染み出したカドミウムが稲作田を汚染し，米食を経て人体に取り込まれ，慢性中毒症が発生したものである。石油・化学コンビナート集積地である三重県四日市市で発生したのが四日市ぜんそくである。コンビナートの煙突から排出される硫黄酸化物が広く住宅地域に拡散して，ぜんそく症状を引き起こし，近接地域住民の慢性閉塞性肺疾患が多発した。第二水俣病は，新潟県阿賀野川流域で起きたもので，アセトアルデヒド製造工場の排水中の有機水銀に侵された食物を摂取したことにより中枢神経疾患が発生した。1968年に公害病として認定された。

　水俣病，イタイイタイ病，四日市ぜんそく，新潟水俣病は四大公害と呼ばれた。これらの被害者らは原因企業に対して損害賠償請求の裁判を起こした。いずれも原告が勝訴し，原因企業から賠償金の支払いと，国に対して被害者認定の遅れが認められた。世論の批判と裁判の動向を受けて，1960年代半ばから1970年代にかけて公害対

策の充実化が図られた。1967年には**公害対策基本法**が制定され，1970年の臨時国会（いわゆる公害国会）では14の公害関係の法律の整備・改正が行われた。1972

コンビナートから排出される煙（四日市市，1970年頃）

年には自然環境保全法も制定されて，公害法と自然保護法の体系が確立した。1971年には環境行政を総合的に統括する環境庁（現在の**環境省**）が発足した。

水俣病は公害問題の原点として国際的にも影響を与えた。2013年には，熊本市で開かれた国際会議において「水銀に関する水俣条約」が採択されている。これは，開発途上国などで今でも有機水銀による健康被害が出ていることから，水銀及び水銀化合物の人為的排出から人の健康及び環境を保護することを目的としている。2021年にはジョニー・デップ製作／主演の映画「MINAMATA—ミナマタ」が公開された。この映画はかつて水俣を訪れて，水俣病の現実を撮影し記録した写真家ユージン・スミスの活動と写真集を題材にしている。

国連人間環境会議

1972年6月，スウェーデンのストックホルムにおいて，環境に関する最初の国際会議である「**国連人間環境会議**」が開催された。会議の開催において積極的であったのがスウェーデンと米国であっ

た。スウェーデンでは1960年代に酸性雨問題が顕在化し，国民の意識が高まっていた。また，米国でもカーソンの『沈黙の春』がきっかけで環境問題に関心が集まっていた。また，米国大統領はベトナム戦争で傷ついた米国の国際的イメージアップを図るため方策を探していて，環境保護運動に前向きの姿勢を示すことが米国にとっても得策と判断したのである。

　会議のスローガンは「かけがえのない地球（Only One Earth）」であり，113カ国が参加した。しかし，東西対立を反映してソ連と東欧諸国はこの会議には参加しなかった。その理由は東ドイツの発言権が会議で認められなかったからである。国連に加盟したばかりの中国は会議に参加した。中国としては国際会議への初参加であった。

　会議での対立要因は，東西問題よりむしろ南北問題であった。先進工業国側は，この会議で「公害」すなわち汚染問題や自然環境問題を優先的に取り扱うべきだと主張したのに対し，発展途上国は貧困から生ずる諸問題，とくに人間の生活と居住の問題が最大の環境問題であり，これを最優先課題とすべきであると主張した。途上国側は，経済成長をしなければ発展途上国をとりまく貧困問題の解決にはつながらず，環境問題よりも開発問題のほうが重要だという立場であった。「環境 vs 開発」といった対立の図式は，その後地球サミットから現在に至るまで国際会議での議論の最大の争点として引き継がれる。

　ストックホルム会議においては，26項目の原則からなる「**人間環境宣言**」及び109の勧告からなる「環境国際行動計画」が採択された。「原則」は以下の５グループに分類できる。

(1) 天然資源を保全し，地球の再生可能な資源を生み出す能力を維持すべきである。

(2) 開発と環境問題を両立させ，先進国は途上国に対して環境管理を促すための資金とノウハウを提供すべきである。

(3) 各国は環境管理の基準を確立して，その基準に従って資源開発を行うべきである。その際，他国を危機にさらしてはいけない。

(4) 汚染は環境の自浄能力を超えてはならず，海洋汚染は阻止されなければならない。

(5) 科学，技術，教育，研究はすべて環境保護を促進するために行われるべきである。

　ストックホルム会議はいくつかの大きな成果を生んだ。第一は，環境問題がそれまでの自然保護と天然資源の保全として限定的にとらえられていたのに対して，人間と生物圏の包括的な関係性の問題というように「環境観」自体が根本的に転換した。第二に，会議のきっかけは先進国の公害問題であったが，途上国側の懸念や要求に応える過程で，先進国側は途上国がかかえる課題を理解するようになり，途上国側も環境問題への認識を高めるようになった。第三に，会議に多数の NGO が参加したことにより，国際会議における NGO の役割が認められるようになった。以後の国際会議において NGO の発言や行動が影響をもつようになった。最後に，環境問題に関わる国連機関として**国連環境計画（UNEP）**が1972年に創設された。その本部はケニアのナイロビに置かれ，国連機関としては初めて途上国に設置された組織であった。

　ストックホルム会議は，環境問題が東西問題，南北問題に続く第

三のグローバル課題であることを世界に認識させる画期となった。

ローマクラブ『成長の限界』

　ストックホルムの国連人間環境会議に大きな影響を与えた報告書がある。1972年3月に**ローマクラブ**により発表された『**成長の限界**（The Limits to Growth）』である。ローマクラブは，オリベッティ社のオレリオ・ペッチェイを中心に，科学者，経済学者，教育者，経営者により1968年に創設された民間組織である。その目的は，人類が子々孫々生存できるのかといった危機感から，複雑に絡んだ「地球問題症候群」の分析に取り組むことであった。

　ローマクラブは米国マサチューセッツ工科大学のデニス・メドゥズを主査とするチームに「人類の危機に関するプロジェクト」を委嘱した。メドゥズらがシステム・ダイナミックスの手法を使用してとりまとめた研究結果が『成長の限界』である。この報告書では，1960年代のような人口増加率と経済成長率が今後も持続するとすれば，食糧不足，資源の枯渇，汚染の増大によって地球と人類は100年以内に成長の限界に達し，人口と工業力の制御不可能な減少という破滅的結果が発生せざるを得ないと警告した。この将来予測は高度経済成長を享受していた先進諸国の人々に衝撃を与え，根本的な反省への契機となった。

　『成長の限界』の中心的な命題は「環境危機の根源は幾何級数的な成長にある」というものであった。これを理解してもらうために報告書では「ハスのたとえ話」が紹介されている。ハスが1日で1株が2株へと2倍に増えるとする。ある池が30日目にハスが池全体を覆ってしまった。それでは，池の半分をハスが覆っていたのは何日目になるか，というなぞなぞである。正解は15日目ではなくて，

29日目である。1株が翌日2株になるのであるから，29日目は池の半分を覆っている。"半分だからといって安心していると，翌日には破局が来る，地球社会に29日目をもたらせてはいけない"というのが報告書の警告であった。

『成長の限界』の内容は地球社会の未来についての衝撃的な予測であり，「終末論的発想」として当時は評判があまりよくなかった。とくに多くのエコノミストは，市場がもつ調整機能により危機は回避できると主張した。例えば，資源が不足すれば価格が自動的に上昇して浪費が避けられるし，汚染が問題になれば汚染防止に投資が向けられるので，やがて汚染は克服されると考えた。

ローマクラブの報告書は，半年後に開かれるストックホルム会議に対して，地球環境問題への取組の重要性を広く知らせる啓発的な役割を果たした。また，「かけがえのない地球」「宇宙船地球号」「地球的に考え，地域的に活動する」「持続可能な成長」「エコロジカル・フットプリント」など新しい発想を生み出す契機となった。

熱帯林問題

環境問題は先進国のみならず開発途上国にとっても放置できない重要課題であることを認識させたのが**熱帯林**の問題であった。1970年代後半に人工衛星による写真撮影が導入され，世界の森林の状況についての分析がなされた。1981年に FAO（国連食糧農業機関）と UNEP による「熱帯林資源評価プロジェクト」の報告書が発表されて，熱帯林の減少について世界的な関心を呼び起こした。

報告書によるとアジア，アフリカ，ラテンアメリカに分布する熱帯林は，20世紀に入ってから約40%が失われている。しかも，オーストリアとスイスを合わせた面積に匹敵する熱帯林が毎年失われつ

つあった。熱帯林破壊の主要な原因は、商業木材の伐採、農地の拡大、燃料（薪）としての使用、牧畜、そして山火事である。少数民族が行う焼き畑農業が熱帯林破壊の元凶という言説が多かったが、調査によれば伝統的な焼き畑自体は生態学的に健全であることが判明している。アジアで熱帯林の減少面積が最も大きいのがインドネシア、続いてタイ、マレーシア、インド、フィリピンであった。これらの国は熱帯木材の輸出国である。とくに、フィリピンは国土に占める森林の割合が1960年では60％であったのが、1985年には27％まで減少した。タイでも森林資源の枯渇が著しく、1977年には木材の輸出国から輸入国へと転じている。日本はこれらの国々からの木材輸入を行ってきた。当時日本は世界の流通木材の42％を輸入していて、これらの国の熱帯林減少に大きな責任があった。

　熱帯林は高さ30〜40m にも達していて、うっそうと茂るイメージがあるが、実はその土地は痩せていて脆弱である。高温多湿なため有機物の分解が速く、栄養分は土壌ではなく樹木自体に蓄えられる。一度木を切ってしまうと薄い表土は頻発する雨に流されてしまい、強い太陽に焼かれて、レンガのように固くなった土だけが残る。そのため植林は非常に困難で、手間と時間がかかる。当時わずかに行われていた植林は、大半がユーカリなどの速成樹種の単一栽培であった。本来熱帯林は無数の多様な樹種からなり、生物の多様性の宝庫であったが、単一栽培の場合、多様な生物は棲息できない。

　熱帯林の伐採は、そこに住む狩猟採取民に大きな被害をもたらす。狩猟採取民は衣食住のすべてを森林資源に依存しているからである。1980年代には熱帯林問題の解決に向けて国際的な NGO が活動を行った。日本では1987年に熱帯林行動ネットワーク（JATAN）

が創設された。マレーシアのサラワク州での先住民族の人権問題を取り上げて、熱帯林を輸入している日本の商社などへの抗議活動を行った。

　1983年には国際熱帯木材協定が提唱されて、1986年に横浜市を本部とする**国際熱帯木材機関（ITTO）**が創設された。ITTOは熱帯林の持続可能な経営を促進し、合法的な伐採が行われた森林からの熱帯木材の国際貿易を発展させるため、木材生産国と木材消費国との間の国際協力を促進することを目的としている。1992年の地球サミット（国連環境開発会議）では、熱帯林などの世界の森林減少問題が取り上げられ「**森林原則声明**」が採択された。

　現在は国際的な森林認証制度がつくられている。森林認証制度とは、森林を永続的に利用するため、木の成長に合った伐採をし、生態系に影響を与えないよう配慮する持続可能な森林管理を普及するための制度である。具体的には、第三者機関が適切な森林管理を認証し、その認証された森林を用いて生産された木材・木材製品にマークを付ける。

　熱帯林問題は、環境問題が先進国の問題のみではなく途上国にとっても大きな課題であり、先進国にもその責任の一端があるという、まさにグローバルな課題であることを認識させることとなった。

熱帯林と違法伐採（写真提供：JATAN）

チェルノブイリ原発事故

　1986年4月26日，ウクライナ（当時はソ連の一共和国）のチェルノブイリ原子力発電所で事故が起きた。事故は，外部からの電力供給が止まった場合，タービン発電機の慣性の回転によって，どの程度発電ができるのかという特殊な実験を行っている最中に発生した。原子炉の出力が急上昇し，ウラン燃料の温度も上昇し，蒸気の発生が激しくなり，圧力管の破壊，さらに原子炉と建物の破壊に至り，大量の放射性物質が外部に放出された。

　発電所に近いプリピャチの町から住民の避難が始まったのは，事故発生から36時間が過ぎた27日の昼であった。それまで住民には事故についての正確な情報が与えられず，約5万人の人々が飛散した放射性物質による汚染の事実を知らぬまま通常の生活を送っていた。ソ連政府が事故の事実を公表したのは3日後のことである。4月28日にスウェーデンの原子力発電所で高濃度の放射性物質が検出されたことが発覚のきっかけとなった。放射性物質は風に乗って北半球の全域に拡散し，日本でも5月3日に雨水中から放射性物質が確認された。

　放射物質は，主にウクライナ北部，ベラルーシ，ロシア西部の広範囲に降下した。事故の公表が遅れたことによりこの3共和国で900万人以上が被災し，40万人が移住させられた。ソ連全土から動員された60万人以上が，放射能汚染地域での緊急作業，石棺の建設，汚染地域の除染作業に参加した。事故の直接の死者数は運転員，消防士あわせて33名であったが，IAEAは間接的な死者を含めると4000人に上ると推計している。ウクライナでは170万人以上の人々が，汚染地域に住んでいたか，今も暮らしている。

　原発事故が環境や生活にもたらした影響は広範にわたる。居住

地，農地，森林，表層水，地下水などが放射能によって汚染された。都市部では，芝生・公園・路地・大通り・広場・屋根・壁面などの露出面が汚染された。放射性ヨウ素が急速に牛乳に浸透し，牛乳の消費者，とくに子どもたちが大きな甲状腺被曝をうけた。農作物では，とくに葉野菜が放射能汚染された。森ではキノコ，野いちご，狩猟動物に放射能が蓄積された。暖をとるために燃やす薪にも汚染が及んでいる。

　チェルノブイリの事故の教訓は，いったん原発事故が起きてしまうと，その影響は広範囲に及び，長期にわたって被害をもたらすということである。そのため，放射能の汚染が激しい地域では，長期にわたって，時には永久に人間の居住が不可能となる。2011年3月12日には**東日本大震災**により，福島第一原発の事故が発生した。チェルノブイリの教訓は十分生かせなかったのである。

フロンガスとオゾン層

　1980年代に国際的に問題となった環境問題に**オゾン層の破壊**がある。オゾン層とは，地表から約10〜50km上空にある成層圏のなかにある。オゾン層は，太陽光に含まれる有害な紫外線の大部分を吸収し，地球上の生き物を守るバリアの役割を果たしている。1980年代に入ると地上観測データや衛星観測データにより，世界のオゾン全量の減少が指摘されていた。1982年に日本の南極観測隊が初めてオゾンホールを発見した。オゾンホールは南極の春（毎年9〜10月頃）に，南極上空で観測されている。

　オゾン層破壊の原因は人工的に生成される**フロン**（クロロフルオロカーボン類）などである。フロンの多くは，かつてはエアコン，冷蔵庫，スプレーなどに使われ，大気中に大量に放出されていた。

フロンは，地上付近では分解しにくい性質をもっているため，大気の流れによって成層圏にまで達する。高度40km 付近の成層圏まで運ばれると，フロンは強い太陽紫外線を受けて分解し，塩素を発生する。この塩素が触媒として働きオゾンを次々に壊していく。オゾン層を破壊する物質には，フロンのほかにもいくつか存在し，消火剤につかわれるハロンなどの物質が放出する臭素によってもオゾン層は破壊される。

　オゾン層が破壊されると，地上に降り注ぐ紫外線の量が増えて，地球上の生物に悪影響を及ぼす。紫外線が人体に与える影響としては，皮膚がんや白内障などの病気の発症，免疫機能の低下などがある。また，動植物の成長を妨げたり，プラスチックが劣化するなど，人間以外にも悪影響を及ぼす。地球史的には，水中で棲息していた生物が地上で暮らせるようになったのは，4 億年前にオゾン層が現在のように形成されてからである。

　オゾン層を保護し回復するために，1985年 3 月に「オゾン層の保護のためのウィーン条約」が採択された。これを受けて1987年 9 月には「オゾン層を破壊する物質に関するモントリオール議定書」が採択されて，オゾン層を破壊する物質に対する具体的な規制内容が定められた。日本でもこれを受けて，1988年に国内法として「オゾン層保護法」が制定された。

　1990年代後半以降，南極のオゾンホールの長期的な拡大傾向は見られなくなった。いっぽう，オゾン層が1980年代の規模に戻るのは2060年代頃と予測されている。複雑な地球環境問題に対する取組は困難を極めているが，オゾン層破壊に対する国際的な取組は数少ない成功例と言えるかもしれない。

湾岸戦争と環境破壊

　1990年8月にイラクのフセイン政権は隣国クウェートに侵攻した。これに対して米国は多国籍軍を組織し，1991年1月にイラクへの空爆を開始し**湾岸戦争**が始まった。イラクは多国籍軍に対抗するために，クウェート沖の原油積み出し施設から大量の原油を流出させた。試算では約400万バレルもの原油が流出したとされる。ペルシャ湾のサウジアラビア，バーレーン，カタール沿岸は浅い入り江が続いており，マングローブ林やサンゴ礁があり，ジュゴン，イルカ，ウミガメ，鵜などの多くの野生生物が生息している。テレビの画面からは油にまみれて飛べなくなった野鳥の姿が映し出された。流出原油によって多数の野生生物や漁業資源が多大な影響を受けた。

　また，イラク軍は730本もの油井に放火した。1日約250万バレルの原油が燃え，多量の煤煙，硫黄酸化物，二酸化炭素が放出された。このため，ペルシャ湾岸一帯の大気汚染による動植物への影響及び健康への影響が憂慮された。

　さらに，湾岸戦争では米軍の最新鋭戦車が発射する砲弾に劣化ウランが含まれていたことが戦後判明した。劣化ウラン弾は原子力発電所などから出る低レベル放射性廃棄物を使った兵器である。その放射線は直接大気を汚染して人の体内に入り，癌や白内障などをもたらす。さらに放射性物質は土や水に浸透し，環境を汚染しつづける。

　戦争は環境破壊の最大の要因と言われる。ベトナム戦争では，北ベトナム軍や解放戦線の勢力が潜伏していそうな森林地帯で，木々を枯死させ，食料となりうる農作物を処分することを目的とし枯葉剤が使用された。枯葉剤には猛毒のダイオキシンが含まれていた。

1970年代以降，ベトナム人の間では枯葉剤にさらされたことが原因とみられる流産，皮膚疾患，癌，先天性奇形が異常に高い頻度で発生している。また，散布した側の米軍の兵士にも被害が出ていて，後に癌その他の健康被害を経験している。

2022年2月に始まるロシアによるウクライナ侵攻においても環境破壊が懸念されている。ウクライナ戦争で使用される大量の戦闘機，戦車，輸送トラックなどの燃料はガソリンなどの化石燃料が中心である。これにより大量のCO_2を排出してしまう。ロシア軍によるチェルノブイリやサボリージャ原子力発電所の占拠は，原発事故の危険性をはらんでいる。マリウポリなどの町は破壊つくされ膨大な戦争廃棄物が発生している。廃棄物を処理し，都市を再生するためには大量のエネルギーと資源を要する。このように，戦争は，先進国の大量生産・大量消費，途上国の貧困とならんで環境破壊の三大要因の一つなのである。

SDGsと環境問題

SDGsは「持続可能な開発」を目指す国際目標であり，開発問題と並んで環境問題が主要なテーマである。SDG13〈気候変動に具体的対策を〉は，21世紀最大の環境問題である地球温暖化に関する目標である。SDG14〈海の豊かさを守ろう〉及びSDG15〈陸の豊かさも守ろう〉は，いずれも生物多様性に関する目標である。気候変動と生物多様性については，1992年の地球サミット以来，COPと呼ばれる政府間会議において継続して定期的に議論が重ねられている。持続可能な生産と消費を扱うSDG12〈つくる責任つかう責任〉も環境問題に関連した目標である。ここでは，天然資源，リサイクル，食品ロス，廃棄物などのテーマが扱われている。SDG11

〈住み続けられるまちづくりを〉においても，スラム，文化遺産・自然遺産，廃棄物など環境問題に関係するターゲットがある。

　SDG 7〈エネルギーをみんなに，そしてクリーンに〉では，再生可能エネルギーに関するターゲットがある。SDG 6〈安全な水とトイレを世界中に〉では，上下水道の整備，水質汚染の防止，水をめぐる生態系の保全などの環境問題が扱われている。このほかにも環境に関するターゲットが各目標のなかに現れる。このように，環境問題はSDGsにおいては，全体の根幹をなす課題として位置づけられている。

第7章　参考資料
ジョン・マコーミック著／石弘之・山口裕司訳（1998）『地球環境運動全史』岩波書店
『開発教育』No.10（特集：地球規模の環境問題）開発教育協会，1987年5月
レイチェル・カーソン著／青樹簗一訳（1974）『沈黙の春―生と死の妙薬』新潮社
ドネラ・H・メドウズ他（1972）『成長の限界：ローマ・クラブ「人類の危機」レポート』ダイヤモンド社

第8章　人権問題―「誰一人取り残さない」

　人権問題が国際社会全体に関わる問題であるというように認識された原因は，第二次世界大戦中において特定の人種の迫害，大量虐殺など人権侵害が横行したことである。1948年12月の第3回国連総会では「**世界人権宣言**」が採択された。しかし，世界人権宣言は条約ではないため，法的な拘束力をもたなかった。人権問題がグローバルな課題であるという認識を多くの人々がもつようになったのは，1975年の国際婦人年，1979年の国際児童年，1981年の国際障害者年などを経て，「男子成人」のみでなく「取り残された人々」の人権を保障するための国際的な枠組みをつくり出してからである。そこで本章では，人権問題を平和，開発，環境に続く第四のグローバル課題として取り上げる。

世界人権宣言と国際人権規約

　第二次世界大戦中の1941年1月，米国大統領ルーズベルトは議会に対する教書のなかで，国際秩序の基本原則として，言論の自由，信仰の自由，欠乏からの自由，恐怖からの自由からなる「4つの自由」について述べた。それは1941年の大西洋憲章，1942年の連合国共同宣言を経て，国際連合憲章の人権諸条項となった。

　1945年に設立された国連の人権委員会の委員長にルーズベルトの未亡人，エレノア・ルーズベルトが就任した。エレノアは著名な人権擁護者であり，その強いリーダーシップの下で，同委員会は「世界人権宣言」となった文書の起草に取り掛かった。エレノアは，同宣言を「全人類のための国際的なマグナ・カルタ（大憲章）」と呼んだ。世界人権宣言は，1948年12月10日の第3回国連総会で採択さ

れた。

　世界人権宣言は，すべての人々がもっている市民的，政治的，経済的，社会的，文化的分野にわたる多くの権利を内容とし，前文と30の条文からなっている。宣言の内容は，(1)自由権的諸権利（第1～20条），(2)参政権（第21条），(3)社会権的諸権利（第22～27条）に分類できる。この宣言はその後の各国憲法や人権関連の条約に影響を与え，日本も1951年の対日平和条約前文で，この宣言の目的実現のため努力する意思を宣言した。世界人権宣言が採択された12月10日は，世界人権デーとされ，日本ではこの日に先立つ1週間を人権週間としている。

　世界人権宣言は法的拘束力をもたなかったため，実効性をもたせるための条約づくりの作業が人権宣言採択直後から始まった。しかし，その作業は難航し，条約である**国際人権規約**が国連で採択されたのは18年後の1966年のことであった。難航した主な原因は人権規約を，社会権規約と自由権規約との二つに分けるという欧米の提案に対して，ソ連など社会主義国と開発途上国の多くの国々が当初反対したからである。欧米の主張は，社会権については国家が人権を保障するために積極的に介入する必要があり，自由権については国家，その他の組織によって個人の人権が踏みにじられないようにすることで保障される，という点である。社会権は「漸進的」に保障していき，自由権は「即時」に保障していくという考え方であった。

　これに対して社会主義国側は，社会権と自由権は複雑に関係しているので，両者を同時に保障していかなければならないという議論であり，人権の性質によってカテゴリー別の人権条約をつくれば，人権の性質に優劣をつけてしまうおそれがあると主張した。最終的

に，西欧諸国の主張がとおり，「経済的，社会的及び文化的権利に関する国際規約」（社会権規約・A規約）と「市民的及び政治的権利に関する国際規約」（自由権規約・B規約）として，1966年の第21回国連総会において採択され，1976年に発効した。日本は1979年に同条約を批准している。

米国の公民権運動

　公民権運動とは，米国において黒人や他のマイノリティ・グループが，教育，雇用，選挙などさまざまな領域における差別に抗議し，白人と同等の権利を求めた運動である。南北戦争後の1865年に米国では奴隷制度は廃止されたにもかかわらず，黒人に対する差別は長く続いていた。

　南部を中心に20余りの州が1950年代にも人種隔離政策により白人と黒人の別学制度をとっていた。カンザス州では，白人校への転入を拒否された黒人生徒の父親オリバー・ブラウンが，市の教育委員会を告訴した。1954年合衆国最高裁は公立学校における白人と黒人の別学を定めた州法は違憲であるとの判決を下した。1953年にはルイジアナ州バトンルージュで，1955年にはアラバマ州モントゴメリーでいずれも黒人のバス・ボイコット運動が起こった。白人専用座席に着席した黒人女性が座席移動を拒否して逮捕されたことから，黒人が抗議のためバス乗車を拒否した事件である。最高裁は1956年，バスの人種隔離は違憲であるとの判断を示した。

　1961年大統領となったケネディは黒人に公民権を認め，差別撤廃に乗り出す方針を示した。1963年8月マーティン・ルーサー・キング牧師らが指導し，黒人差別に反対する20万の人々がワシントンで大行進を行い，政府に公民権の即時実施を求めた。このときキング

牧師は有名な「私には夢がある（I Have a Dream）」との演説を行い，法案成立に大きなインパクトを与えた。翌1964年7月，ジョンソン政権下で，人種差別撤廃をうたった公民権法が成立する。

公民権運動は，ウーマンリブやレズビアン・ゲイ解放運動など他の解放運動にも大きな影響を及ぼした。また，軍事的にも経済的にも世界一の国家であると自称していた米国社会の負の側面として，ベトナム戦争と公民権運動は国際的にも注目された。

国連婦人の10年

ウーマンリブ運動の始まりの契機は，米国の女性解放運動家ベティ・フリーダンがその著書で，一見幸福にみえる白人中産階級の主婦に潜む不満と不安の実態をえぐり，押しつけられた女らしさを告発し，「家庭という収容所」からの解放を呼びかけたことに求められる。1960年代後半，公民権運動やベトナム反戦運動において，女性の運動家が仲間の男性の性差別的な運営と衝突し，独自の組織をつくり始めた。この女性解放運動は他の諸国にも広がっていた。日本でも薬事評論家の榎美沙子により組織された「中ピ連（中絶禁止法に反対しピル解禁を要求する女性解放連合）」の運動がメディアで注目された。

こうした動きを受けて，国連は1975年を「**国際婦人年**」と定め，翌年から1985年までを「国連婦人の10年」として，女性の自立と地位向上運動を世界規模で行うことを宣言した。1975年にはメキシコシティで第1回**世界女性会議**（国際婦人年世界会議）が開催され，「平等，開発，平和」への女性の寄与に関する「メキシコ宣言」及び，それを具体化するための指針である「世界行動計画」が採択された。

1970年代後半，当初ラディカルな行動を前面に出していたウーマンリブ運動では，避妊の自由，中絶の自己決定権，託児所の充実，性暴力の根絶，レズビアンに対する差別撤廃など，一般女性からの要望が強かった具体的な要求を社会に訴えるようになり支持を広げた。また，女性の意識変革を求める学習活動などに重点を置くことにより新たに「女性学」が登場する。そこでは生物学的，解剖学的性差を意味するセックスと，社会的・文化的に形成された性差を意味するジェンダーを区別し，男女両性の新たな関係性を追究する「**ジェンダー論**」が展開される。

　1979年に，国連総会において「**女子差別撤廃条約**」が採択された。国連婦人の10年の中間年である1980年に開催された第2回世界女性会議を経て，1981年にはILO（国際労働機関）でILO第156号条約「家族的責任を有する男女労働者の機会及び待遇の均等に関する条約」が採択された。最終年にあたる1985年の第3回世界女性会議においては，国連婦人の10年の目標である，「平等・開発・平和」を今後も継続するとともに，西暦2000年に向けて各国が積極的措置をとるうえでのガイドライン，「婦人の地位向上のためのナイロビ将来戦略」を採択した。

　日本では女性差別撤廃条約を批准する条件を整備するため，1985年に「**男女雇用機会均等法**」が制定された。企業の事業主が，募集，採用や昇進，福利厚生，定年，解雇などにあたり，性別を理由にした差別を禁止することなどを定めている。看護婦が看護師に，スチュワーデスが客室乗務員に名称変更されたのもこの法律による。男女雇用機会均等法の制定は，日本の雇用慣行のみならず，その後の人々のジェンダー認識にも大きな影響を与えることになった。

🕐 子どもの権利条約

　子どもが大人の付属物ではなく独立した人格として認められ，その権利の保障に向けて国際社会が動くには二つの世界大戦という悲劇を経なければならなかった。1959年の国連第14回総会において**「児童の権利宣言」**が採択された。世界人権宣言から10年目であった。10カ条からなる児童の権利宣言は「人類は子どもに最善のものを与える義務を負う」ことを求めている。国連は，児童の権利宣言の20周年を記念して1979年を「国際児童年」と定めた。国際児童年では世界各地で子どものための施設の設置やさまざまな行事が実施された。このときに国連人権委員会のなかに**「子どもの権利条約」**の作業部会が設置された。

　その10年後の1989年に国連総会において「子どもの権利条約」が採択された。この条約は，国際人権規約のＡ規約（経済・社会・文化権規約）及びＢ規約（自由権規約）で認められている諸権利を児童について広範に規定し，さらに意見表明権や遊び・余暇の権利など独自の条項を加え，児童の人権尊重や権利の確保に向けた具体的な事項を規定している。最重要の理念として「子どもの最善の利益」が掲げられたことが特徴である。すなわち，子どもに関することが決められ行われるときは，「その子どもにとって最もよいことは何か」を第一に考えることが強く求められている。

　また，子どもの権利として31条で「遊ぶ権利」を明確にしたことが特徴的である。ここでは締約国は，"子どもが休息したり，年齢にあった遊びやレクリエーション活動をし，文化や芸術に自由に参加できるように努めなければならない"と記されている。この条項を採用させるにあたっては，各国で長年，冒険遊び場運動などを展開してきた「子どもの遊ぶ権利のための国際協会（IPA）」の働きか

けが大きかった。

　子どもの権利条約には生存，発達，保護，参加の4つの権利が含まれている。生存の権利とは，住む場所や食べ物があり，医療を受けられるなど，子どもの命が守られることである。発達の権利とは，学習したり遊んだりして，もって生まれた能力を十分に伸ばしながら成長できることである。保護の権利とは，紛争に巻きこまれず，難民になったら保護され，暴力や搾取，有害な労働などから守られることである。参加の権利とは，子どもは自分に関係のある事柄について自由に意見を表明することができ，大人はその意見を子どもの発達に応じて十分に考慮することである。4つの権利のうち，生存，発達，保護については1958年の子どもの権利宣言のなかで述べられている。権利条約において新たに強調されたのが子どもの参加する権利である。意見表明権とも言われるが，子どもの意見がその発達段階に応じて十分聞き入れられているかどうかは現在に至るまで大きな課題である。

インドシナ難民問題

　1979年テレビやラジオからは，"Every child has a beautiful name ♪ beautiful name ♪ beautiful name ♪" とゴダイゴが歌う国際児童年のテーマソングが流れていた。画面には世界の子どもの笑顔や生活の様子が映し出される。しかし，その直後のニュースでは，連日南シナ海を漂う難民についてのレポートがあり，多数の子どもが犠牲になっていると伝えていた。この年は，ベトナム，ラオス，カンボジアからの難民が数多く発生した年であり，**インドシナ難民**国際会議がスイスのジュネーブで開催された。

　第二次世界大戦では欧州大陸で大量の難民が発生した。この問題

に対処するために，1951年に「難民の地位に関する条約」が国連で採択された。同条約はその対象が制限されていたため，対象を広げるために「難民の地位に関する議定書」が1966年に採択された。この二つをあわせて**難民条約**と呼んでいる。条約の成立と同時に1951年に国連難民高等弁務官事務所（本部ジュネーブ）が設置された。

「難民」とは人種，宗教，国籍，特定社会団体への加入や政治的信条のいずれかが原因で迫害を受けるおそれがあるため祖国を逃れた人々をいい，同条約ではこうした人々についての保護を各国に義務づけている。内容としては，難民がその国で安心して定住できるよう，法的な地位の確立，就職，福祉について詳細に記している。難民条約で定められた重要事項の一つは，難民に対して滞在の不法性に対する刑罰を与えてはいけないとしていることである。日本のケースで言えば，不法滞在の罪に問うてはいけないという意味である。二つ目は，難民を迫害する地域に強制的に送り返してはならないという規定（ノン・ルフールマンの原則）である。

日本は**インドシナ難民問題**を受けて，1981年に難民条約に加入した。インドシナ三国からは総数約144万人の難民が出ていたが，日本ではそのうち約1万人を難民として受け入れた。難民の定住促進のために，姫路定住促進センター（兵庫県），大和定住促進センター（神奈川県）が開設されて，日本語教育，職業紹介，職業訓練などの事業が実施された。その後も世界では多くの難民が発生しているが，日本政府が難民条約で受け入れた難民の数は2001～2020年の間で576人，年平均29人である。これは他の先進国と比較して極端に少なく，国際社会から批判されている

日本は難民条約に加入にあたり，それまでの出入国管理令の内容を修正し，新たに「**出入国管理及び難民認定法**」を1982年に制定し

た。これにより，戦前から日本に居住していた**在日コリアン**らに特例永住権が認められ，社会保障制度における内外人平等原則の適用が行われるようになった。すなわち，インドシナ難民受け入れがきっかけとなり，在日コリアンには日本国籍保有者と同等の社会保障制度が適用されるようになり，大幅に待遇が改善されたのである。また，外国人登録法により在留外国人には，新規登録の際に指紋の押捺が義務づけられていた。これに対しては在日コリアンにより指紋押捺拒否の運動が起きていて訴訟にもなっていた。指紋押捺については1992年の法改正により永住資格をもつ者に限って廃止された。さらに1999年5月の法改正により指紋押捺は全廃された。

🌀 国際障害者年

　1981年は国連が定めた**国際障害者年**（IYDP）であった。国際障害者年のテーマは「完全参加と平等」であり，その主要な目的は，障害者の社会への適応，雇用の確保，障害者のための交通システムや公共施設の改善，リハビリのための効果的施策の実施，そして障害者の権利の周知・啓発，であった。翌1982年の国連総会で「障害者に関する世界行動計画」が採択され，1983〜1992年を「国際障害者の10年」とすることが決まった。1992年10月の国連総会では，毎年12月3日を国際障害者の日とすることが宣言された。

　2006年には「障害者の権利に関する条約」とその「選択議定書」が総会で採択された。この条約は「私たちのことを私たち抜きで決めないで」を合言葉に世界中の障害当事者が参加して作成された。**障害者権利条約**は，障害のある人が障害のない人と同じように生活することができるようになることを目指している。条約では，障害者が健常者と同じように，地域のどこで誰と住むかを選択でき，建

物や交通機関を利用でき，情報が保証されることや，障害のない人と共に学ぶインクルーシブ教育を受ける権利などが定められている。ここでは，障害者が生活を行ううえでのさまざまなバリアは，障害そのものに原因があるのではなく，社会との関わりのなかで障害が生まれるという「障害の社会モデル」の概念が採用されている。すなわち，社会のしくみに問題があり，結果として障害が生まれるという考え方である。障害のある人もない人も，一人ひとりの違いが尊重されて，同じように生活できるようになることがこの条約の理念である。障害者は一般に考えられるよりも幅広く，世界の10人に1人は何らかの障害があると言われている。また，病気，けが，高齢などで誰もが障害を生じうるということから，この条約は現在の障害者のみならずすべての人々に関わる条約である。

　日本政府は2011年に障害者基本法を改正し，2012年に障害者総合支援法を制定し，さらに2013年に障害者差別解消法の制定を行った。そのうえで，2014年1月に障害者権利条約を批准した。しかし，障害者権利条約の理念や規定と日本の現状とは乖離が大きい。日本弁護士連合会（日弁連）は「障害者権利条約の完全実施を求める宣言」を2014年に発出して，条約の完全実施に向けて具体的な提言を行った。DPI日本支部（障害者に関する国際組織）では，障害者権利条約の国内完全実施を目指して，障害当事者の声を障害者基本法，障害者差別解消法，障害者雇用促進法など各種法制度に反映させるための運動を継続的に行っている。

国際先住民年

　国連広報センターの資料によれば，この世界には現在少なくとも5000の先住民族が存在し，住民の数は3億7000万人を数え，90カ国

以上の国々に住んでいる。先住民族（indigenous peoples）とは，多数民族が住む以前から住んでいて，多数民族によって支配ないし抑圧されてきたにもかかわらず，民族固有の文化を現在も保持している人々である。北米大陸のアメリカ先住民（インディアン），南米大陸のインディヘナ（インディオ），北極圏のイヌイット（エスキモー），オーストラリアのアボリジニ，ニュージーランドのマオリ，日本のアイヌなどである。また，中国，インド，ロシアには多数の先住民族が暮らしている。

　多くの先住民族は政策決定プロセスから除外され，ぎりぎりの生活を強いられ，搾取され，社会に強制的に同化させられてきた。また自分の権利を主張すると弾圧，拷問，殺害の対象となった。かれらは迫害を恐れてしばしば難民となり，ときには自己のアイデンティティを隠し，言語や伝統的な生活様式を捨てなければならなかった。こうした状況を改善するため，国連人権小委員会は1982年に先住民に関する作業部会を設置し，先住民族の権利に関する宣言の草案の作成に着手した。国連総会は，1993年を「世界の先住民の国際年（International Year of the World's Indigenous People）」とし，それに続いて，1995～2004年を「国際世界の先住民の10年」と定めた。

　2007年には画期的な「**先住民族の権利に関する宣言**（Declaration on the Rights of Indigenous Peoples）」が国連総会で採択された。先住民族権利宣言は全部で44条あり，先住民族の自己決定権が強調されている。自己決定権とは，政治的地位を自分たちで決め，経済的，社会的，文化的な発展のあり方や，その方法なども自分たちで決めることができるという権利である。その他にも，同化を強制されない権利，土地や資源の返還や賠償などを求める権利，自治を求める

権利，文化的・宗教的な慣習を実践する権利，独自の言語で教育を行い受ける権利，伝統的につながりをもってきた土地や資源を利用する権利などさまざまな権利が定められている。この権利宣言は条約ではないので法的拘束力はないが，各国政府に宣言を実現するため先住民族と協議して，適切な政策をとることを求めている。

　日本では，北海道ウタリ協会が1984年に「アイヌ民族に関する法律（案）」の制定を要請した。そこでは，アイヌ民族代表者の国会での議席確保，アイヌの文化の振興と教育の充実，農業・漁業・林業・商工業等の産業振興，民族自立化基金の設置，アイヌに関する問題を審議する機関の設置などが含まれている。1994年に萱野茂がアイヌで初の国会議員となった。1997年には**アイヌ文化振興法**が成立し，北海道旧土人保護法が廃止された。また，二風谷のダムをめぐる裁判で最高裁判所は「アイヌは先住民族である」と認定した。

　2007年の先住民族の権利宣言を受けて，2008年に衆参両院で「アイヌ民族を先住民族」とする決議がなされた。ここにおいて日本政府は初めて公式にアイヌを先住民族として認めることになった。2019年には「アイヌの人々の誇りが尊重される社会を実現するための施策の推進に関する法律（**アイヌ施策推進法**）」が制定された。そして，2020年には白老に「民族共生象徴空間（ウポポイ）」が開設された。しかしながら，日本政府のアイヌ政策は文化振興に偏っていて，先住民族としての種々の権利の回復という点で多くの課題が残されている。

移住労働者

　ILO（国際労働機構）によれば，2017〜19年の期間に国境を越えた移住労働者数は，1億6400〜6900万人に達している。「移住労働

者の権利条約」では，移住労働者とは「国籍を有しない国で，有給の活動に従事する予定であるか，またはこれに従事している者」として定義されている。

移住労働者の権利条約（すべての移住労働者とその家族の権利の保護に関する国際条約）は1990年に国連総会で採択され，13年後の2003年に発効した。この条約では，越境労働者，季節労働者，海員，海上施設労働者，巡回労働者，特定事業労働者，自営就業者など，特別の形態の移住労働者とその家族に適用される権利について定めている。条約では，適法状態，非適法状態を問わず，すべての移住労働者とその家族の権利を保証している。移住労働者を集団で追放すること，もしくはかれらの身分を証明する文書や労働許可書，パスポートを破棄することを違法とする。移住労働者はその国の労働者と同一の報酬，社会福祉，医療サービスを受け，労働組合に加入し，また雇用の終了に伴っては所得や貯蓄を送金し，個人の身の回り品を移転させる権利を有する。移住労働者の子どもは，出生と国籍の登録及び教育を受ける権利を有する。

2022年10月時点における批准国はフィリピンをはじめ北アフリカや南米諸国を中心とした58カ国である。欧州評議会のほとんどの加盟国，米国，カナダ，オーストラリア，日本も含めたすべての先進国は，移住労働者の増加による国内の失業や治安の悪化などを懸念して署名も批准も行っていない。国連の人権関連の条約としては最も批准国が少なく，移住労働者の送り出し国と受け入れ国との間での対立や問題をかかえている。

日本において**外国人労働者**（移住労働者）が増加しだしたのは，1980年代中頃からである。1985年のプラザ合意により急速に円高となり，日本での円による賃金が本国では高額となった。また日本側

も1986年からの好景気（いわゆるバブル景気）で深刻な人手不足があった。当初，日本にやってくる外国人労働者は，東南アジア，南西アジアからが中心であった。1990年に出入国管理法が改正されると，日系人の定住及び就労が認められブラジルやペルーなどの南米諸国から，日系人たちが合法的に来日するようになった。その後，リーマン・ショックやコロナ禍で一時的に外国人労働者の数が停滞する時期もあったが，全体としては増加傾向であり約50万人に達している。OECD の2018年の外国人移住者統計によれば，これはドイツ，米国，スペインに続いて世界第4位である。

　2018年に改正された出入国管理法では在留資格「特定技能」が創設された。これは，介護，建設，農業，飲食業など人手不足が深刻な業種において，一定の専門性，技能を有する外国人を受け入れることを目的とする制度である。在留期間は最長10年となり，その後も一定の条件を満たせば家族の同伴も可能となった。事実上，日本への定住（移民）の道を開く制度である。今後の日本の人口構成を考えたとき，外国人の移民に頼らざるを得ない状況は明らかであり，移住労働者の人権についての配慮が求められることになる（152頁参照）。

日本の同和問題

　法務省のホームページによれば，「**同和問題**（部落差別）とは，日本の歴史のなかで，人為的に形成された身分制度に基づき，一部の人々が特定の地域出身であることや，そこに住んでいることを理由に，住居や職業，結婚などを制限される差別を受けてきたわが国固有の人権問題です」と説明されている。江戸時代に存在していた身分制度（士・農・工・商・穢多・非人）は，1871（明治4）年の明

治政府の「解放令」により撤廃され，これらの人々はすべて平民として位置づけられた。法律上制度上では差別はなくなるが，実際には特定の職業に就いたり特定の地域に居住する人々に対して，就職，結婚，交際など生活のあらゆる面での厳しい差別が続いた。

　1922（大正11）年には被差別部落の自主解放を目指して「水平社」が結成された。水平社による解放運動は全国に広がった。しかし，日中戦争勃発後は，政府の弾圧により活動は停止させられた。戦後は，部落解放全国委員会として再建され，1955年に部落解放同盟と改称した。

　第二次世界大戦後には日本に民主主義が導入されたにもかかわらず，部落差別の問題は依然として深刻であった。同和問題に対する国や地方公共団体の本格的な取組は，1965年の「同和対策審議会答申」から始まる。同和対策審議会は，「同和問題の早急な解決は国の責務であり，同時に国民的課題である」との認識に立ち，①生活環境の改善，②社会福祉の充実，③産業・職業の安定，④教育文化の向上，⑤基本的人権の擁護などの施策を総合的に推進するよう答申した。これを受け，国と地方公共団体は，1969年から法に基づく特別対策として同和対策事業を33年間にわたって展開する。

　2000年からは「**人権教育及び人権啓発の推進に関する法律**」が施行され，これに基づき「人権教育・啓発に関する基本計画」が策定された。基本計画では，取り組むべき人権課題を12項目あげ，同和問題もその一つとして位置づけられた。しかし，近年のインターネット上の差別書き込みに見られるように，差別問題はなお解消されてはいない。2016年には「部落差別の解消の推進に関する法律」が施行されている（59頁参照）。

　国連人権小委員会は2000年8月に「職業及び世系に基づく差別」

に関する決議を採択した。「世系」とは「descent」の訳語で英和辞典によれば門地，家柄，出自の意味である。これは日本の部落差別をはじめ，南アジアのカースト制度に基づく差別，アフリカに存在する同様の差別を対象としたものである。その内容は，①職業及び世系による差別は，国際人権法で禁じられた差別であり，②当該政府は撤廃のための法的・行政的措置をとること，③差別行為にたいし刑事罰をふくむ処罰，制裁を行うことなどを定めている。

　職業と世系による差別は，①ネパール，バングラデシュ，インド，スリランカ，パキスタンのダリット問題，②日本の部落問題，③ナイジェリア，セネガル，マリ，ギニア，モーリシャス，マダガスカルに存在する身分差別問題など世界各地に存在していて，当該人口は2億6000万人に達すると言われている。部落差別は日本固有の人権問題と考えられていたが，職業や世系に基づく差別は世界の他の地域にも広く存在していてグローバルな課題であるという認識が生まれている。

「誰一人取り残さない」

　SDGsと人権問題との関連では，SDGsを提案した国連「持続可能な開発のための2030アジェンダ」の第4項に「**誰一人取り残さない**」という原則が示されている。そこには「目標とターゲットがすべての国，すべての人々及び社会のすべての部分でみたされることを望む」とあり，さらに「最も遅れているところに第一に手を伸ばすべく努力する」と記されている。

　SDGsのターゲットのなかで「取り残されがちな人びと」として例示されているのが，「子ども，女性，高齢者，障害者，先住民族，移住労働者」などである。SDG 5〈ジェンダー平等を実現し

よう〉ではすべてのターゲットが女性差別の撤廃とジェンダー格差の是正を目指している。SDG 8 〈働きがいも経済成長も〉では，児童労働の禁止，女性・障害者・移民など脆弱な立場にある労働者の権利の擁護と労働条件の改善を求めている。SDG16〈平和と公正をすべての人に〉では，児童虐待・搾取の撲滅，司法への平等なアクセス，包摂的な（誰もが参加できる）意思決定の確保などがターゲットとされている。

　SDG10〈各国内及び各国間の不平等を是正する〉には，格差是正のための重要なターゲットが示されている。国内格差については「2030年までに，各国の所得下位40％の所得成長率について，国内平均を上回る数値を斬新的に達成し，持続させる（SDG10.1）」というターゲットが示されている。また，国家間の格差是正については「後発開発途上国，アフリカ諸国，小島嶼開発途上国及び内陸開発途上国を始めとする，ニーズが最も大きい国々への，政府開発援助（ODA）及び海外直接投資を含む資金の流入を促進する（SDG10.b）」としていて，国際協力が必要な国々について具体的に明示している。

　SDG 1〜4 〈貧困，飢餓，保健，教育〉，SDG 6 〈衛生〉及び SDG11〈まちづくり〉の目標にも「誰一人取り残さない」ターゲットが採用されている。このように，SDGs においては差別され脆弱な立場にある人々への人権擁護の原則が貫かれている。

第 8 章　参考資料
江原由美子監修（2011）『21世紀の人権』日本評論社
ピーター・N・スターンズ著／上杉忍訳（2022）『人権の世界史』ミネルヴァ書房
アンドリュー・フェイガン著／長島隆監訳（2019）『人権の世界地図』丸善出版
松岡秀紀・岡島克樹（2021）『SDGs と人権』解放出版社

第9章　東西問題―核と平和

　第二次世界大戦後の世界の最大の課題は，いかにして再び戦争を起こさないか，そのためのしくみをいかに構築するかであった。第一次世界大戦後の平和維持機構として期待された国際連盟は，結局機能を果たせずに再び大戦を招いてしまった。この反省から1945年10月に設立されたのが国際連合である。しかしながら，その後米国を中心とした西側の資本主義諸国と，ソビエト連邦（ソ連）を盟主とした東側の社会主義諸国との対立は続き，世界各地で代理戦争ともいうべき戦争や紛争が頻繁に起きることになった。戦後，最初であり最大のグローバル課題である，核と平和の課題についてその経緯を追っていこう。

国際連合の設立

　第一次世界大戦後の1920年に設立された**国際連盟**（League of Nations）は，提唱者である米国が参加しなかったうえ，1933年以降はドイツ，日本，イタリアが脱退して，結局世界大戦を防ぐことができなかった。1941年8月に米国のルーズベルト大統領と英国のチャーチル首相は，大戦後の平和回復のための基本原則を話し合い，大西洋憲章としてまとめた。このなかに恒久的な安全保障制度を確立することが含まれていた。1942年には26の連合国の共同宣言において「**国際連合**（United Nations）」という用語が初めて現れる。

　1944年に米国ワシントン郊外で開かれたダンバートン・オークス会議において，米国，英国，ソ連，中国の4カ国の代表により国連憲章の原案が作成された。1945年のヤルタ会談には，米国のルーズベルト，英国のチャーチル，ソ連のスターリンの3首脳が集まり，

ヨーロッパの戦後処理方策と国際連合の設立について話し合った。1945年4月には連合国50カ国がサンフランシスコ会議に終結して国連憲章を採択した。同年10月に51カ国により国際連合が設立された。

国連本部は米国のニューヨークに置かれた。国連には，総会，安全保障理事会，経済社会理事会，信託統治理事会，国際司法裁判所，事務局という6つの主要機関と多くの付属機関・補助機関が置かれている。国際平和の維持のために設置された安全保障理事会は成立当初，常任理事国の5カ国（米・英・仏・ソ・中）と非常任理事国の6カ国によって構成された。常任理事国には「拒否権」が与えられていて，このことがその後の平和維持活動にとって大きな制約となった。

国連の最大の目的である平和維持活動に関してはスウェーデン出身の第2代事務総長のダグ・ハマーショルドが精力的に活動して，スエズ危機，レバノン事件，タイとカンボジアの紛争，ラオス問題などで緊張緩和に努めてその手腕が高く評価された。しかし，事務総長は任務遂行中に北ローデシアの飛行機事故で死亡した。その後，国連による平和維持のための直接介入は減少して，1960年代に加盟国が増加した第三世界のための社会経済活動に力点を置くようになる。

東西冷戦の始まり

1945年2月のヤルタ会談では，ソ連対日参戦と国際連合の設立について協議されたほか，ドイツ及び中部・東部ヨーロッパにおける米ソの利害の調整がなされた。米ソの占領地によって勢力圏の確定が行われたため，後の東西分断の原因となった。1946年3月に首相

を退任したチャーチルは，米国のウェストミンスター大学で次のような「鉄のカーテン」演説を行う。

> 　バルト海のシュテッティンからアドリア海のトリエステまで，ヨーロッパ大陸を横切る鉄のカーテンが降ろされた。中部ヨーロッパ及び東ヨーロッパの歴史ある首都は，全てその向こうにある。

　鉄のカーテンの東側には，ポーランド，チェコスロバキア，ハンガリー，ルーマニアなどの国々があり，ソ連の影響下にある社会主義政党が政権についていた。

　その頃，ギリシアの内戦が激化し，トルコの情勢も混沌としていた。英国は財政上の事情から援助の継続が困難となり，その旨を米国に通告した。そこで1947年3月，米大統領トルーマンは英国に代わりギリシア，トルコを援助する立法措置を議会に要請した。議会演説のなかでトルーマンは，全世界的規模での反共封じ込め政策の必要性を強調した。トルーマン・ドクトリンと呼ばれるこの政策は，ソ連に対する「**東西冷戦**の宣戦布告」であった。

　当時，フランスとイタリアでは共産党が躍進していた。欧州における共産主義の浸透は，その一因に欧州諸国における経済的な疲弊があると考えられた。米国の国務長官ジョージ・マーシャルは，欧州諸国の経済復興のための援助計画を策定した。1947年8月に策定された欧州復興計画は**マーシャル・プラン**と呼ばれ，欧州の16カ国が受け入れを表明した。ソ連の影響下にあった東欧諸国はマーシャル・プランを拒否した。マーシャル・プラン受け入れのための組織として1948年3月にヨーロッパ経済協力機構（OEEC）が結成され

た。これは後に **OECD（経済協力開発機構）** となる。米国側では同年4月に対外援助法が成立し，その実施機関として経済協力局（ECA）が設置された。1951年12月の計画終了時までの援助総額は120億ドルであった。これによって西ドイツを含むヨーロッパ17カ国は経済復興の機会をつかみ，また西ヨーロッパ諸国間での経済協力が推進された。また，米国が欧州に経済進出する基盤にもなった。

ソ連はトルーマン・ドクトリンに対抗するため，1947年9月にコミンフォルム（共産党・労働者党情報局）を設立した。この組織にはヨーロッパ9カ国の共産党及び労働者党が参加した。ソ連圏におけるイデオロギー統一のための国際組織であった。また，マーシャル・プランに対抗する組織として1949年1月には**コメコン（経済相互援助会議）** が設立された。これはソ連を中心として東欧諸国が結成した経済協力機構である。国際分業に基づく計画経済を推進し，1950年代以降，諸国間を結ぶ石油パイプライン建設など具体的な経済協力や各国の工業化の面で成果を上げた。

1948年2月，チェコスロバキアではマーシャル・プランの受け入れをめぐり議会が紛糾。その間隙を縫って共産党によるクーデターが起きた。同年6月には，東ドイツ領内にあるベルリンが封鎖されて，西側陣営であった西ベルリンが陸の孤島となった。こうした事態を受けて，1949年4月には，**NATO（北大西洋条約機構）** が西側12カ国によって発足した。NATOは加盟国中の一国に対する武力攻撃は全加盟国に対する攻撃とみなして集団的自衛権を行使することを規定した軍事同盟である。

1955年5月には西ドイツの再軍備とNATO加盟に反発したソ連は，**ワルシャワ条約機構**（東欧8カ国友好相互援助条約）を発足させ

て NATO に対峙した。ワルシャワ条約機構は，NATO 同様の集団的自衛権を規定した東側の軍事同盟である。ここにおいて，米国を中心とする西側とソ連を盟主とする東側は，政治・イデオロギー，経済のみならず軍事面でも対峙することとなり，東西対立が激化する。

☀ 朝鮮戦争

　東西冷戦はアジアにも大きな影響を及ぼした。1945年 8 月15日，第二次世界大戦が終結したことにより，35年間に及んだ日本の朝鮮植民地支配が終わり，朝鮮は独立を取り戻すはずであった。カイロ宣言では，連合国側は朝鮮を単一の独立国家とすることとされていたが，米ソの独立国家の思惑が違ったため，結局は分割境界線となる北緯38度線を挟んで米ソそれぞれが当面占領統治することになった。38度線南側の地域では，1948年 8 月15日に「大韓民国」（韓国）が成立して，李承晩（イ スンマン）が大統領として選出された。これに対して北側の地域では， 9 月 9 日に「朝鮮民主主義人民共和国」（北朝鮮）が樹立され，金日成（キムイルソン）が首相に就任した。

　こうして朝鮮は北と南に別個の国家が成立し，東西冷戦の両陣営がにらみ合う最前線となった。中国では国共内戦が共産党の勝利に終わり，1949年10月 1 日，中華人民共和国が建国される。この勢いをかって，北朝鮮の金日成はソ連の了解を取り付けたうえで，1950年 6 月15日に南側へ軍事侵攻して，**朝鮮戦争**が勃発する。

　朝鮮戦争開始のわずか 3 日後には韓国の首都ソウルが陥落した。トルーマン米大統領はただちに軍事介入を決定し，国際連合にも働きかけた。ソ連代表不在のまま招集された国連安全保障理事会においては，国連加盟諸国に韓国への軍事支援が勧告され，米軍を中心

とした国連軍が組織された。戦争開始70日間は北朝鮮軍に勢いがあり，国連・韓国軍は9月初めには大邱，釜山を含む半島南端の狭い一角に追い詰められた。

　国連軍は9月15，16両日仁川で大部隊の奇襲上陸作戦を行い，大邱地区でも反攻に転じた。兵站が伸びきっていた北朝鮮軍は北と南から挟み撃ちとなり，10月初めには38度線まで押し戻された。国連・韓国軍は38度線を超えて進軍して，同月19日には平壌を占領した。また，一部の部隊は鴨緑江岸まで到達した。金日成首相はソ連に対して参戦を要請したが，スターリンは米国との直接戦争になることを恐れてこれを拒否した。建国間もない中国は当初参戦には躊躇したが，結局志願兵を送ることに同意した。

　10月25日，中国人民志願軍の大部隊が鴨緑江を越えて参戦し，朝鮮人民軍とともに反撃した。12月4日には平壌を奪回し，1951年1月4日，ソウルを再占領した。国連・韓国軍は3月14日ソウルを再奪回したが，38度線付近では戦闘が続いた。マッカーサー総司令官は核兵器を含む中国本土爆撃を主張したが，4月11日トルーマン大統領によって罷免された。

　1951年6月以降は，戦線は膠着し，双方は強固な陣地を構築して2年にわたって激しい消耗戦を繰り返した。1953年1月にはアイゼンハワーが米国新大統領に就任，3月にはスターリンが死去した。1953年7月27日に，38度線近辺の板門店で北朝鮮，中国軍両軍と国連軍の間で休戦協定が結ばれた。休戦に反対した韓国の李承晩大統領はこの協定には加わらなかった。

　3年にわたる戦争は，結局戦前の38度線とほぼ変わらぬラインで休戦となった。戦争での死者は推計によると，南北朝鮮で400万人，中国軍100万人，米軍6万3000人にのぼる。東西対立は欧州の

みならずアジア・太平洋地域に拡大した。米国はアジア・太平洋地域でのソ連・中国などの対共産圏軍事包囲網を結成し，軍事的対決姿勢を強めることとなった。

　米国の対日占領政策は当初は「民主化・非軍事化」であり「東洋のスイス」を目指していた。朝鮮戦争により，占領政策は大幅に変更されて日本を「共産主義の防波堤」として位置づけた。これにより，米国は非軍事化政策から再軍備政策に転換して，警察予備隊（後の自衛隊）が設置されることとなった。日本は米国軍の軍需物資を提供する「朝鮮特需」によって大きな経済的利益を得た。朝鮮戦争は日本が戦後の経済復興を成し遂げる一因ともなった。

第三世界・非同盟諸国

　朝鮮戦争以後，米ソ両国は戦後に独立したアジア・アフリカ諸国を，より多く自身の陣営に加えるために画策することになった。これに対して，中国の周恩来首相とインドのネルー首相は1954年4月に「平和5原則」を共同で発表した。それらは「領土保全及び主権の相互不干渉・相互不侵略・内政不干渉・平等互恵・平和的共存」の5原則であった。米ソの冷戦に巻き込まれずに独立を維持することの決意表明であった。

　1955年4月，インドネシアのバンドンにおいて，**アジア・アフリカ会議（AA会議）**が開催された。参加したのは第二次世界大戦後に，英国，フランス，米国，オランダなど欧米諸国の植民地支配から独立したアジアとアフリカの29カ国であった。日本もオブザーバーとして参加した。議長を務めたインドネシアのスカルノ大統領はこの会議を「世界人口の約半数の13億（当時）を占める有色人種の代表による，世界最初の国際会議」と述べた。

バンドン会議では，中印の平和5原則を拡張した平和10原則が定められた。10原則は，反帝国主義，反植民地主義，民族自決の精神を基調としていた。米国（西側諸国），ソ連（東側諸国）のいずれにも属さない第三の立場を貫いていて，いわゆる「**第三世界**」の存在を確立した。1960年代にアフリカ諸国が次々独立するにあたって，その機運を高めた会議であった。また，経済面では「**開発途上国**」として国連でG77を形成するが，その源流ともなった。

　1961年9月には，ユーゴスラビアの首都ベオグラードにおいて「第1回**非同盟諸国首脳会議**」が開かれた。インドのネルー首相が提唱した非同盟主義の理念に基づき，ユーゴスラビアのチトー大統領，エジプトのナセル大統領，インドネシアのスカルノ大統領が賛同して，非同盟諸国会議の開催に至った。当時，米ソ両国は平和共存路線が行き詰まり，1961年1月には米国がキューバと断交，8月にはベルリンの壁が構築されるなど東西関係は緊張を高めていた。非同盟諸国首脳会議には25カ国の代表が参加し，米ソ両国に対し戦争の危機の回避を強く訴える宣言文を決議した。その後，米ソ両国もこの第三勢力の動きを無視できなくなる。

核兵器とキューバ危機

　第二次世界大戦中に米国は，ドイツから亡命した物理学者の力を借りてマンハッタン計画を進め，原子爆弾をナチス・ドイツに先駆けて開発した。対ドイツ戦には間に合わず，対日戦を終結させるという目的で1945年8月，広島と長崎に原子爆弾を投下した。民間人を含めて死者は20万人にも上った。

　ソ連は東西冷戦が深刻化したことに併せて核開発を急ぎ，4年後の1949年9月に原爆実験を成功させた。1952年10月には，米国は原

爆よりも1000倍も威力があるといわれる水素爆弾の実験を行う。翌年8月にはソ連も水素爆弾の開発に成功する。ここから米ソによる核開発競争が激化し，世界は核戦争の恐怖に晒されることになる。

1954年3月1日の米国のビキニ環礁水爆実験では，現地の漁民と日本のマグロ漁船第5福竜丸乗組員が被爆した。このことから世界的に核兵器廃絶運動が広がった。1955年7月には核兵器廃絶と科学技術の平和利用を訴えたラッセル・アインシュタイン宣言が出されて大きな反響を呼んだ。1961年には国連総会は核兵器使用禁止宣言を採択した。

核戦争が現実の問題として世界を震撼させたのが1962年の**キューバ危機**であった。10月14日，米国空軍の偵察機がキューバ上空で撮影した写真で，ソ連によるミサイル基地が建設進行中であることが判明した。ケネディ大統領は22日夜，テレビ演説を行い，攻撃的兵器が運び込まれるのを防ぐため，キューバ周囲を海と空から封鎖することを宣言した。ソ連はすでに機材と武器を積んだ艦船をキューバに向かわせていたので，米国の海上封鎖を突破しようとすれば米ソ間の直接衝突となりかねなかった。両国首脳は裏面での交渉を重ねた。ソ連のフルシチョフ首相は，米国がキューバに侵攻しないことと引き替えにミサイル基地を撤去するとの提案をケネディに伝え，10月27日に合意が成立して危機は回避された。

キューバ危機は前年のベルリンの

世界終末時計　核戦争などによる人類の終末を「午前0時」になぞらえ，残り時間を表したもの。2023年1月にはウクライナ戦争や地球温暖化などで終末まで90秒とされた。

壁構築とともに，戦後の東西冷戦の最も危険な時期であり，第三次世界大戦と核戦争の恐怖を世界中の人々が感じた。米ソ両国も核戦争を回避するための道を模索しはじめた。この危機を教訓として，米ソ両国の政府首脳間を結ぶ緊急連絡用の直通電話ホットラインが初めて設置された。そして翌1963年8月に部分的核実験禁止条約が締結された。

　核開発は米ソ二国では終わらなかった。1952年には英国が，1960年にはフランスが，1964年には中国が核実験を成功させて，核保有国となった。その後もインド，パキスタン，イスラエル，イラン，北朝鮮などが核開発を主張し，核保有国となった国もある。核兵器と廃絶の問題は現在に至るまで，大きなグローバル課題であり続けている。

ベトナム戦争

　東西冷戦構造のなかで朝鮮戦争と並んで「熱戦」であったのが**ベトナム戦争**であり，世界の外交，内政，軍事に大きな影響を与えた。第二次世界大戦開始時には，現在のベトナム，カンボジア，ラオスはフランス領インドシナと呼ばれていた。これらの国を日本軍が占領していたが，1945年に世界大戦が終結し日本軍はこの地から去る。ベトナムではホー・チ・ミンが独立宣言を行い，「ベトナム民主共和国」が誕生した。そこに，フランスが再び介入してベトナム南部に傀儡(かいらい)政権を成立させた。そのため，フランス軍と北ベトナムが争う第一次インドシナ戦争が起きた。8年間にわたるこの戦争は，1954年にフランス軍の敗北で終わった。同年のジュネーブ協定により，北緯17度線を停戦ラインとしてベトナムは南北に分断された国家となった。

南ベトナム（ベトナム共和国）に成立したゴ・ディン・ジェム政権は米国の援助下に反共・独裁政策を強行した。これに反対する共産主義・民族主義勢力は各地でゲリラ活動を展開し，1960年には南ベトナム解放民族戦線を結成した。米国はベトナム全土の共産化は東南アジアの共産化につながるという「ドミノ理論」を根拠として北ベトナム攻撃を決意，1964年8月のトンキン湾事件を契機に，本格的な北ベトナム爆撃（北爆）を開始し，陸上部隊も派遣，全面的な戦争に突入した。米国は最大54万の地上軍を投入し，韓国・タイなどの派遣軍もこれに加わった。北ベトナムも正規軍を南下させて解放民族戦線を援助したことによりベトナム戦争は国際紛争へと発展し，戦後の東西冷戦中で最も激しい戦闘が展開された。

　1968年旧正月直後の攻撃（テト攻勢）以来，解放民族戦線が戦争主導権を握り，サイゴン地区やトンキン湾沿岸都市部を除く大半の地域がその勢力下に入った。また，米国国内では**ベトナム反戦運動**が高まり，国際的にもこれを支援する動きが広がり，米国政府は国際的に孤立しつつあった。これを受けて1968年以降，パリで和平交渉が進められた。1973年1月には和平協定が成立し，3月には米国軍は南ベトナムから撤退した。1975年4月30日にサイゴンが陥落してベトナムは北ベトナムによって統一され，1976年にベトナム社会主義共和国が成立した。この戦争による北ベトナム・解放戦線側の死傷者は推定227万人，米国・南ベトナム側は約98万人であった。

　ベトナム戦争は第二次世界大戦後，唯一の超大国として振る舞っていた米国に深刻な影響を与えた。国内ではベトナム反戦運動が高まりをみせ，これに平行して黒人解放のための公民権運動，女性解放の**ウーマンリブ運動**などの市民運動が促進された。米国は建国以来の初めての敗戦により，その国際的な権威を低下させた。膨大な

戦費が投入された結果，米国は金とドルの交換を停止する措置をとらざるを得ず（ニクソン・ショック），経済面でも苦しい立場に追いやられた。

　日本でも，当時高揚していた学生運動とともにベトナム反戦の運動が起きた。小田実によるベ平連（ベトナムに平和を市民連合）などが有名である。反戦運動には若者の支持が多く，文化面でも反体制的なフォークソングが盛んにつくられた。

アフガニスタン侵攻

　1970年代には「**デタント**」と呼ばれる，米ソ間の緊張緩和の動きがあった。キューバ危機後の1963年には部分的核実験停止条約が米ソ間で調印され，1968年には核不拡散条約，1970年には米ソ戦略兵器削減交渉（SALT）が開始された。1972年にはニクソン米大統領が訪ソして SALT I 協定に調印し，1973年にはブレジネフ・ソ連書記長が訪米して核戦争防止協定に調印した。この背景には，米国はベトナム戦争の泥沼化，そしてソ連もまた経済の停滞と中ソ対立によって，東西二大陣営内の米ソの優位が崩れたという背景があった。

　ヨーロッパにも緊張緩和が醸成され，1970年にソ連・西ドイツ間の武力不行使条約とポーランド・西ドイツ間の国交正常化条約が成立した。また東西ドイツ間も1972年に国家関係基本条約が調印され，両国は1973年に国連同時加盟を実現した。こうして米ソの緊張緩和と東西ヨーロッパの和解は1975年のヘルシンキにおける全欧安保協力会議の開催と，1979年6月の米ソ間の SALT II 協定の調印で最高潮に達した。

　しかし，1979年12月，ソ連のブレジネフ政権は社会主義を掲げる

親ソ派政権を支援するために**アフガニスタン**にソ連軍を侵攻させた。これにより1970年代のデタントは終り，「新冷戦」の開始と言われた。

　ソ連は当初この作戦を数カ月で終わらせるもくろみであった。しかし，アフガニスタン民衆は「ムジャヒディン（イスラム聖戦士）」を組織してゲリラ戦を展開した。米国は当初は秘密裏に，後に公然と反政府勢力に武器援助を行った。米国は西側諸国に対し経済制裁を呼びかけるとともに，1980年のモスクワ・オリンピックのボイコットを働きかけた。その結果，日本，西ドイツ，韓国，中国，イスラム諸国など約50カ国が同調した。

　アフガニスタンでの戦争は，1989年2月にソ連軍がアフガニスタンから完全に撤退するまで10年にわたって続いた。ソ連の戦死者は約1万5000人，負傷者が5万人にも上るといわれ，ソビエト社会に深い傷跡を残した。アフガニスタンの兵士や民衆の被害はさらに大きくて，200万人あまりが死亡し，600万人もの難民が発生したとされている。結局，この戦争が一つの原因となり，1991年にソ連は崩壊する。アフガン侵攻はソ連にとって命取りになったのである。

　米国が武器を支援したアフガニスタン反政府勢力のなかからは，後にイスラム原理主義のタリバンが生まれ，またアルカイダなどイスラム過激派の反米テロ組織を生み出すことになる。これらの組織は後に**9.11事件**を起こすなど，世界の平和を脅かすことになった。

冷戦の終結

　1985年3月，ミハイル・ゴルバチョフがソ連の共産党書記長に就任する。当時，ソ連は軍事費の増大と深刻な経済の停滞に悩まされていた。ゴルバチョフは情報公開（グラスノスチ）と，経済の活性

化と共産党の機構を改革する「ペレストロイカ」と呼ばれる政策を進める。1987年12月には米国のレーガン大統領との間で「中距離核戦力（INF）全廃条約」を締結する。米ソは，史上初めて核兵器の削減に合意した。

　1988年3月には東欧諸国の自立と民主化を容認する内容の新ベオグラード宣言が発表された。この声明を受けて，1980年のポーランドの民主化運動以降に活発になっていた東欧民主化運動が促進された。1989年にはハンガリー，ポーランド，ブルガリア，チェコスロバキア，ルーマニアで東欧革命が起こり各国の共産党政権が崩壊した。

　1989年の夏休みの時期に，国の将来に見切りをつけた多数の東ドイツ市民が，ハンガリー，ポーランド，チェコスロバキアなどの西ドイツ大使館敷地内に侵入・籠城し，西ドイツへの移住を求めた。11月9日，東ドイツ政府が西ベルリンへの自由な往来を認めると，押し寄せた人々によって，**ベルリンの壁**は壊された。1961年以来，28年間に及ぶ壁の存在は東西冷戦の象徴であったため，ベルリンの壁の崩壊は東西冷戦を終焉に導く画期的な出来事となった。

　こうした情勢を受けて，1989年12月にはマルタの洋上で，米国大統領ジョージ・ブッシュとソビエト共産党書記長ミハイル・ゴルバチョフによる会談が行われた。**マルタ会談**において両国首脳は冷戦の終結を宣言した。

　ベルリンの壁の崩壊4カ月後，1990年3月に東ドイツ初の自由選挙が実施された。この選挙では，ドイツの早期統一を主張する保守連合が勝利した。同年10月，西独の基本法（憲法）に基づき，東独を西独に編入する形による国家統合が決定され，東西ドイツが統一された。

1991年8月，ソ連では保守派によるクーデターが発生し，ゴルバチョフは夏期休暇中の保養地で軟禁される。クーデターは失敗するものの，ゴルバチョフの権威は失墜し，実質的な権限はロシア共和国大統領であったボリス・エリツィンに移る。9月にはバルト3国に独立が認められ，12月までにソ連を構成していた各共和国が独立した。12月25日，クレムリンからソ連の国旗が降ろされ，ロシアの三色旗が掲げられた。ここに70年間続いたソ連は正式に消滅した。

冷戦後の世界とSDGs

　半世紀に及ぶ東西冷戦は，国際政治や軍事のみならず，各国の国内政治，宇宙開発，教育，スポーツ，国際協力など多方面に大きな影響を及ぼした。世界の安全保障を脅かしてきた冷戦が終結して，世界には平和な時代が訪れるのではないかという期待が高まった。ところが冷戦下で各陣営に押さえつけられていた課題が表面化することにより，各地で民族対立に起因する紛争が起きた。その最大の紛争は旧ユーゴスラビアの解体過程で起きた**ボスニア・ヘルツェゴビナ紛争**である。また，2001年9月には米国で同時多発テロの**9.11事件**が発生して，その後アフガニスタン，イラクで20年にわたる紛争状態が続き，今も安定していない。2022年2月には，ロシアがウクライナに侵攻して，戦争状態が続いている。台湾海峡をめぐる米国と中国の対立も深刻である。東西冷戦は終焉したにもかかわらず，かつての東側と西側の対立が形を変えて世界の安全保障を脅かしている。

　SDGsでは，SDG16〈平和と公正をすべての人に〉であり，平和問題と人権問題を扱っている。しかしながら，平和に関連してはSDG16.1で「あらゆる場所において，全ての形態の暴力及び暴力

に関連する死亡率を大幅に減少させる」があげられているのみである。戦争や紛争の抑止や，紛争解決のためのターゲットは掲げられていない。また核兵器についてのターゲットも存在しない。このことは人類の持続可能性のための国際目標としては重大な欠点であるといってよい。また，安全保障理事会の機能不全にみられるように，平和構築において国連という組織がもっている限界でもある。したがって，私たちが人間社会と地球環境の持続可能性を考えるときには，SDGs に加えて核と平和の問題を常に考慮していく必要がある。

第9章　参考資料

ロバート・マクマン著／青野利彦監訳（2018）『冷戦史』勁草書房
松岡完他編（2003）『冷戦史—その起源・展開・終焉と日本』同文館出版
NHK・BS ドキュメンタリー「冷戦」（全24回）https://www.youtube.com/watch?v=M881hqFvqPE&t= 7 s〈最終閲覧2023. 9. 1.〉
佐渡友哲編（2019）『SDGs 時代の平和学』法律文化社
「平和教育学事典」（2017）https://kyoiku.kyokyo-u.ac.jp/gakka/heiwa_jiten/〈最終閲覧2023. 9. 1.〉

　SDGs の目標年は2030年である。それ以降の国際的な開発目標はどのようになるのであろうか。SDGs は地球環境と人間社会の持続可能性をテーマとしている。未来予測は難しいものの，地球温暖化や貧富の格差といった課題は間違いなくもち越されるであろう。核と平和についても解決しているとは思えない。人権状況も2030年までにすべて改善するとは考えにくい。不確実な要素は多いものの，現状の延長線上で世界がどのように動き，どのような課題が残されるのかを考えておくことは無駄ではないだろう。

　そして，SDGs のテーマが2030年以降も続くのであれば，私たちの将来の生活や人生設計にも大きく関与してくる。第10章では，2030年以降のグローバル課題として，人口，生物多様性，気候変動，貧困・格差問題などの行方を考えたい。第11章では，グローバルな大きなテーマを私たち個人個人が「自分事」としてとらえるためのヒントを提示したい。

第一部	第二部	第三部
地球サミット〜SDGs	SDGs までの歴史	SDGs 以降の課題・展望
◀ 現状(2023)▶	歴史（1945）◀	未来(2030)▶

第10章　2030年以降のグローバル課題

SDGs の進捗状況

　国連は毎年 SDGs の進捗状況について公表している。2023年7月の『持続可能な開発目標（SDGs）報告2023』によると、"気候危機、新型コロナウイルス感染症のパンデミック、そして世界各地における紛争の増加により、2030年までの SDGs17目標の達成が危うくなっている"と報告されている。SDGs が策定された2015年の時点では、新型コロナウイルスの蔓延や、ロシアによるウクライナ侵攻という大規模な戦争は想定されていなかった。また、気候変動についても二酸化炭素（CO_2）の濃度上昇と、その対策の遅れにより「気候危機」と表現せざるを得ない状況となっている。そのため、SDGs の目標達成に関して以下のような現状と予測が述べられている。

・極度の貧困下で暮らす人々の数がこの30年で初めて増加した。このままでは2030年までに、5億7500万人が極度の貧困に陥ったままとなり、8400万人の子どもと若者が依然として通学できない状況になる。

・56％の国々が、女性に対する直接的・間接的な差別を禁止する法律を制定していない。

・世界の気温は、産業革命以前の水準と比べてすでに1.1℃上昇しており、重大な転換点である。1.5℃に2035年までに到達するか、それを超えてしまう可能性がある。

・2021年までに133カ国が5歳児未満の死亡率に関する SDG ターゲットをすでに達成しており、2030年までにさらに13カ国が達

成する見込みである。

・2015年から2022年の間に，安全に管理された水道，トイレへの
アクセスが改善した。

・効果的な HIV 治療法のおかげで，2010年以降，世界のエイズ
関連死亡者数が52%と大幅に減少し，47カ国において少なくと
も 1 種類の熱帯病が根絶された。

・2020年時点で，11億近くの人々が，都市部のスラムかそれに類
する環境で暮らしていた。

・国レベル・地方レベルの災害リスク削減戦略を策定した国の数
は，2015年以降倍増した。

　保健衛生と防災の項目を除いては，SDGs の目標達成についてマ
イナスの状況にあることが報告されている。それでは SDGs の達成
に向けた日本の状況はどうなっているであろうか。国際的な研究機
関である「持続可能な開発ソリューション・ネットワーク」
(SDSN) の『持続可能な開発報告書2022年版』によれば，日本の
SDGs 達成度は163カ国中21位で，前年より 2 ランク下がった。第
1 位から20位まではすべてヨーロッパの国々であり，北欧諸国
（フィンランド，スウェーデン，デンマーク）が上位 3 カ国である。主
要な国では韓国31位，米国39位，タイ43位，ロシア49位，ブラジル
50位，中国63位，インド112位である。

　日本としては順位そのものよりも，各目標についての課題につい
て注目すべきであろう。**17目標**のうち「深刻な課題がある」とさ
れる目標が 6 つある。それらは，SDG 5 〈ジェンダー・平等〉，
SDG12 〈つくる責任・つかう責任〉，SDG13 〈気候変動〉，SDG14
〈海の豊かさ〉，SDG15 〈陸の豊かさ〉，SDG17 〈実施手段・パート

ナーシップ〉である。とくに，ジェンダーと環境問題について課題があることが指摘されている。ジェンダーについては，国会における女性議員の割合が低いことと，男女間の賃金格差が問題とされている。環境については，CO_2排出量，漁業資源，自然保護区域の割合，レッドリスト（絶滅危惧種）について深刻な課題があり，早急に改善することが求められている。また，SDG17に関しては，国民総所得における政府開発援助額が国際目標の0.7％を大きく下回り，2021年時点で0.34％であることが課題となっている。

人口問題

　2030年以降の世界を予測するうえで世界の人口の推移は基本的な判断材料となる。**人口問題**はSDGsのすべてのテーマに関連している。開発途上国における人口増は，貧困（SDG 1），食料（SDG 2），教育（SDG 4），保健医療（SDG 3），環境（SDG12-15）などの課題に密接に関係する。先進国における人口減の問題は，少子高齢化に伴う保健医療・福祉（SDG 3），雇用（SDG 8），まちづくり（SDG11）などの課題に直結する。国連は2022年 7 月11日の世界人口デーに合わせて『世界人口予測2022』報告書を公表した。それによれば，世界の人口は2022年11月に80億人に達すると報告された。70〜80億人到達まで約12年かかり，60〜70億人までの期間とほぼ同じであった。

　世界の人口推移はどのようになっているのであろうか。世界の人口が10億人に達したのは1804年頃であり，地球上にホモ・サピエンスが登場してから数十万年後のことであった。その後，産業革命を迎えた国から人口が急激に増加する。産業革命がもたらした経済や科学技術の発展に伴い，医療・公衆衛生が向上し，疫病や飢饉が減

少した。また，植民地支配を通じた世界的な農地拡大や農業部門の生産性の飛躍的上昇に伴い，食料生産が劇的に増大したからである。人口増はまず西欧と北米で始まり，その後，近代化とともに，ロシアや日本などにも広がった。そして，第二次世界大戦以降は，日本以外の東アジア，東南アジア，中南米，さらに南アジアやアフリカにも拡大していった。1927年には20億人，1974年にはその倍の40億人，さらに1998年に60億人，2022年には80億人に達した。

　産業革命に伴う人口増はその後の世界経済の拡大に寄与する。いっぽうで，「取り残された人々」の貧困問題や，農地の拡大や公害問題などの環境問題を引き起こした。問題は今後の世界人口がどのように推移するかである。『世界人口推計2022』の中位推計によれば，2037年に90億人に到達し，2085年に104億人でピークを迎えて，その後世界の人口は減少に転じると予測されている。国連以外にも人口予測を行っている機関があるが，いずれも世界人口は21世紀後半に100億人前後でピークとなり，しばらく停滞していずれ減少に転ずると予測している（図10-1）。

　人口が増加するのは，主にアジアとアフリカ地域である。最大の人口を擁していた中国は2022年に約14億人でピークアウトし，2023年にはインドが中国を抜き世界最大の人口となる。いっぽう，欧州，北米，日本・韓国を含む東アジアでは，少子高齢化が進行する。人口増の地域と人口減の地域との格差は，国家間の人口移動，すなわち移民を促進することになる。経済協力開発機構（OECD）によると，3カ月以上滞在する予定で日本に来た外国人は2018年に50万人を超え，ドイツ，米国，スペインに続いて世界第4位となった。国連経済社会局がまとめた2019年の移民人口では，日本は移民が約250万人と世界第26位である。これには急増している外国人技

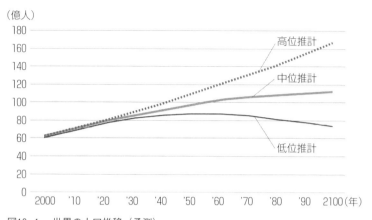

（億人）

図10-1　世界の人口推移（予測）
出所：「世界人口白書2022」より筆者作成

能実習生らが含まれている。しかし多くの日本人に「移民大国」の
実感はない。「**移民**」には「永住」のイメージが強く，技能実習生
は当てはまらないからである。米国や西ヨーロッパの人口はこれま
で移民によって維持されてきた。

　日本においても人口の維持のためには移民に頼らざるを得ない状
況がある。しかしながら，日本では「移民」という言葉に抵抗が強
く，事実上外国人の定住に道を開いた2018年の改正出入国管理法で
も移民の用語を慎重に避けている。中国，韓国，台湾といった近隣
諸国が今後人口維持のための移民を促進する可能性が高いなかで，
移民を避けるどころか「移民の取り合い」という状況が生じること
が予想される。しかし，その頃には近隣のアジア諸国のほとんど
が，経済的にみて移民の送り出し国ではなくなるであろう。将来予
測で人口増が最も多いアフリカからの移民に頼らざるを得なくなる
かもしれない。日本も現実から目を背けるのではなく，政府が主導

して外国人の受け入れに関する基本施策を明らかにすべきであろう。そのなかには，外国人の権利や義務，日本語教育，生活支援を行うことを明記した法令も必要である。また，すでに多くの移民を受け入れている米国や欧州諸国では移民についてさまざまな課題をかかえていることも事実である。それらを踏まえて外国人と共生するために，国民に対する啓発や教育も必要になってくる。

生物多様性

　つぎに，**生物多様性**の問題を取り上げよう。というのは，この問題が人間の人口問題と裏表な関係にあるからである。世界自然保護基金（WWF）とロンドン動物園協会が2022年に発表した『生きている地球レポート（Living Planet Report）』によれば，1970年以降のわずか50年間で，動物の個体数が平均70%近く減少していることが明らかになった。すなわち野生生物の数が，平均して3分の1以下になったという数字である。とくに，アマゾンを含むラテンアメリカとカリブ海地域は，野生動物の平均個体数が最も急激に減少しており，48年間で94%も減少している。アフリカは66%で2番目に減少し，次いでアジアと太平洋が55%，北米が20%の減少を記録した。実際，絶滅危惧種のなかには私たちが長年動物園で親しんできた動物も多い。例えば，サイ，ゾウ，チンパンジー，カバ，シロクマ，オオカミ，ハゲワシ，トラなどである。これらの動物は今後何も対策を講じなければ，自然界からは消え，動物園のみで生存することになるであろう。

　現代は長い地球の歴史のなかでも生物の「第6絶滅期」に当たっている（図10-2）。1970年代から進行している大量絶滅では，毎年4-5万種の生物が絶滅していると推測されている。ちなみに，第

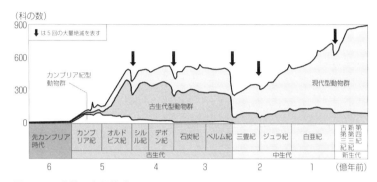

（科の数）

■ は5回の大量絶滅を表す

カンブリア紀型
動物群

古生代型動物群

現代型動物群

| 先カンブリア時代 | カンブリア紀 | オルドビス紀 | シルル紀 | デボン紀 | 石炭紀 | ペルム紀 | 三畳紀 | ジュラ紀 | 白亜紀 | 古第三紀／新第三紀／第四紀 |

古生代 ／ 中生代 ／ 新生代

6　　　　　5　　　　　4　　　　　3　　　　　2　　　　　1　　（億年前）

図10-2　生物の大量絶滅

出所：『改訂版　フォトサイエンス地学図録』（数研出版，2018）をもとに筆者作成

5絶滅期は6500万年前であり「恐竜の絶滅」が有名である。それ以来の大量絶滅期であるということができる。これまで人間が発見した生物の総数は約175万種である。まだ知られていない生物も含めた地球上の総種数は推定で500〜3000万種の間である。このまま何も策を講じないと，約100万種の生物が今世紀末までに絶滅の危機に瀕すると予測されている。

　なぜ，このように野生生物が絶滅の危機に瀕しているのであろうか。それには4つの要因が考えられている。一つ目は，開発や乱獲による種の減少・絶滅，そして生息・生育地の減少である。二つ目は，里地里山などの手入れ不足による自然の質の低下である。三つ目には，外来種などの持ち込みによる生態系の攪乱である。そして今危惧されているのが，地球規模の気候変動による絶滅の危機である。これらの4つの要因はいずれも人間の生産活動（開発）が原因となっている。1974年の時点で人口は40億人であったものが，2022年には2倍の80億人に達している。人口が2倍になれば，人間の生息域が2倍になるという単純な関係ではないものの，農地の拡大，

都市の建設などにより，野生生物の生息域が激減し，分断されたことが最大の要因であろう。

2022年12月には**COP**15（国連生物多様性条約第15回締約国会議）がカナダのモントリオールで開かれた。そこでは，生物多様性の損失を食い止め回復傾向へ向かわせる，「ネイチャー・ポジティブ」を2030年までに達成するための具体的な行動目標として「昆明モントリオール目標」が採択された。

🌐気候変動

気候変動の対策としては，2015年12月にパリで開催されたCOP21（国連気候変動枠組条約第21回締約国会議）で世界約200か国が合意して成立した「**パリ協定**」がある。これは，1997年に採択された「**京都議定書**」の後を継ぎ，2020年以降，国際社会全体で温暖化対策を進めていくための礎となる条約である。世界の平均気温上昇を産業革命前と比較して，2℃より低く抑え，1.5℃に抑える努力を追求することを目的としている。

京都議定書では先進国のみがCO_2削減の義務を負っていたが，パリ協定では途上国も含めてすべての国が参加している。「**共通だが差異のある責任**」という原則のもと，削減目標は各国がそれぞれ策定して提出することとし，これを5年ごとに更新することになっている。2100年の気温上昇を産業革命前と比較して2℃以内に収めるためには2075年には脱炭素化を達成しなければならず，1.5℃以内の場合は2050年に脱炭素化しなければならない。脱炭素化とは，産業構造を変革してCO_2を含む温室効果ガスの排出をゼロにすることである。

パリ協定を実効あるものにするためには，各国が提出する削減目

標の合計が目標値に届くことが必要である。しかしながら，2020年時点で世界各国が表明した2030年に向けた削減目標では，世界の平均気温は3度程度上昇してしまうと予測されている。2019月9月に行われた気候変動に関する政府間パネル（IPCC）では，国連のグテーレス事務総長は「気候変動はもはや**気候危機**である」と発言して，危機感をあらわにした。温暖化対策に残された時間が長くない理由が二つある。一つは，2100年の気温上昇を1.5℃以内に抑えるためには，2050年までにCO_2の排出をゼロにしなければならないからである。もう一つに，ティッピングポイントといわれる人間の力ではもはや取り戻すことができない不可逆な時点があることである。そのポイントを超えると，気温上昇が急増して，人間社会がどのような対策をとっても気温上昇を止められなくなる。そのポイントがいつであるかは現在のところ不明である。

　日本では2020年10月，当時の菅義偉首相が2050年のカーボンニュートラルを表明した。さらに2021年4月には，30年度に2013年度比で46％削減する目標を打ち出した。いっぽう，温室効果ガスの大きな排出源である石炭火力発電所をめぐって，10月に閣議決定した新しいエネルギー基本計画で，1930年度の電源に占める割合を19％としている。COP26の議長国の英国は先進国に2030年まで，途上国に2040年までの石炭火力全廃を求めており，隔たりは大きい。

　2100年というと，遠い将来のように思えるかもしれないが，環境運動家のグレタ・トゥーンベリはそのとき97歳である。人生100年時代を迎えるとすると，今の若い人々は生存している人が多いだろう。"地球温暖化は若い人々にとっては人生を貫く大問題である"ということを認識する必要があろう。

貧困・格差

　MDGsの最大の成果は**貧困の撲滅**であった。MDGsの冒頭のター
ゲットは「1990年から2015年までに，1日1ドル未満で生活する
人々の割合を半減させる」であった。そして2015年の『MDGs報
告2015』によれば，「極度の貧困で暮らす人の数は，19億人（1990
年）から8億3600万人（2015年）と，半数以下に減少した」と成果
を強調した。当時の潘基文国連事務総長は「MDGsは歴史上最も
成功した貧困撲滅運動になった」と述べた。SDGsではこの勢いを
かって，SDG1.1で「2030までに，現在1日1.25ドル未満で生活す
る人々と定義されている極度の貧困をあらゆる場所で終わらせる」
という目標を立てた。そして「2030アジェンダ」では「我々は，貧
困を終わらせることに成功する最初の世代になり得る」（50項）と
SDGsの歴史的な意義を強調している。

　ここで言う貧困とは，衣食住にも事欠く「**絶対的貧困**」のことで
ある。貧困の撲滅は人類社会の悲願でもある。実際，2030年という
期限は無理としても，近い将来絶対的貧困を終わらせることは
「夢」ではない。なぜなら絶対的貧困を解消する道筋はある程度確
立しているからである。すなわちこの半世紀の途上国での経験か
ら，地道に農業や地場産業を起こし教育と医療を充実させていけ
ば，10年20年の単位で衣食住にも事欠くような極度な貧困からは抜
け出すことができることがわかっているからである。

　問題は先進国型の貧困である「**相対的貧困**」の撲滅である。"日
本で子どもの貧困が16%である"というような場合は，相対的貧困
率を用いている。日本ではおおよそ月収約10万円，年収120万円以
下の場合を指している。SDG1.2には「各国定義による貧困を2030
年までに半減させる」というターゲットがあるので，日本において

は相対的貧困率が16％（2016年時点）を2030年までに８％まで縮小させることが目標となる。しかし，日本政府の施策では「子どもの貧困対策の推進」が掲げられてはいるが，相対的貧困の半減には言及していない。相対的貧困の問題を解決するためには，雇用，福祉，ジェンダー，教育，地域づくり，などSDGsの多くの目標に関わる施策と事業が必要である。また，富裕層のみならず中間層にも税金と社会保険料の大幅な負担増を伴うということもあり，そのための国民的な合意も必要である。

　貧困問題に密接に関係している課題に格差がある。貧困根絶のために活動してきた国際的NGOであるオックスファム・インターナショナル（Oxfam International）は，毎年，ダボス会議の開催に合わせて経済格差に関する報告書を発表している。それによると，コロナ禍以前の2019年時点で10億ドル（約1500億円）以上の資産をもつ富裕層2153人の富の合計が，世界の総人口の６割にあたる約46億人分の資産の合計を上回っていると指摘している。その一例として，世界で最も裕福な１％がもつ富の合計は，その他の69億人がもつ富の合計の２倍以上となっていることや，世界で最も裕福な22人の男性の富の合計は，アフリカのすべての女性がもつ富よりも大きいことをあげている。

　そして，コロナ渦中の2022年の報告書では「新型コロナ感染が世界的に拡大した2020年３月〜2022年３月の２年間に，新たに573人のビリオネア（10億ドル資産保有者）が誕生した。その一方で，新型コロナや食料価格高騰などの影響で，2022年だけで２億6300万人が極度の貧困に陥った」と指摘している。世界で経済的な格差が広がっている一因として，富裕層や大企業向けの優遇税制が行われていることや，富裕層の多くがタックスヘイブンなどを利用して，意

図的な税金逃れを行っていることをあげている。OXFAM は「各国政府は 1 ％ではなく99％の国民の利益になる経済をつくらなければならない」と訴え，①富裕層・高額所得者・大企業への課税強化と税金逃れ対策，②低賃金や無権利となっている介護などの労働者の保護，③ジェンダーの不平等の是正，などを求めている。世界的な貧困の根絶のためには，グローバルな規模で広がる格差とその是正という課題が伴っている。

核と平和

　米誌「ブレティン・オブ・ジ・アトミック・サイエンティスツ」は2023年 1 月25日，人類への脅威を分析し，人類滅亡を午前 0 時に見立てた**世界終末時計**の残り時間を「90秒」と発表した（139頁参照）。世界終末時計の発表は，1947年の「残り 7 分」から始まり，東西冷戦の終結後には「残り17分」まで戻されたが，2022年まで 3 年連続で「残り 1 分40秒」と最も短くなっている。その理由については，ロシアによるウクライナへの軍事侵攻を一番にあげ，ロシアが核兵器の使用を示唆したことで，事故や誤算によって紛争が拡大するリスクがあり，紛争が誰の手にも負えなくなる可能性もあると指摘している。このほか，中国の核軍拡の動きや北朝鮮による核・ミサイル開発のほか，ウクライナ情勢の影響で気候変動と闘う世界的な努力が弱体化していることや，新型コロナウイルスのような感染症のリスクがあるなどと指摘し，世界は前例のない危険な状態にあると強く警告した。

　いっぽう，核廃絶については地道な市民活動も継続している。2017年 7 月，国連総会において核兵器禁止条約（Treaty on the Prohibition of Nuclear Weapons）が採択された。この条約は50カ国が

批准したことによって，2021年1月に発効した。条約のポイント
は，核兵器の開発，実験，製造，備蓄，使用などを禁止することに
法的拘束力をもち，核兵器に関して総合的に廃絶を目指しているこ
とである。人道的な立場からの「核なき世界」を目指し，1996年か
ら条約案作成が始まった。日本の被爆者の訴えも大きな力となり，
核兵器廃絶国際キャンペーン（ICAN）が運動を推進した。ICANは
2017年にノーベル平和賞を受賞している。しかし，核兵器保有国で
ある米国，英国，フランス，ロシア，中国，及び開発を表明してい
るインド，パキスタン，北朝鮮は同条約に反対を表明した。また，
事実上は米国の核の傘の下にある日本，韓国，オーストラリアと
NATO諸国も反対した。核保有国及び日本を含む反対した側の主
張は，**核拡散防止条約（NPT）**によって拡散を防止することで核戦
争は防止され，また核保有による抑止力が戦争防止に必要であると
いう主張である。

　現状では核廃絶についての道のりは遠いと考えられる。いっぽう
で，1997年にはわずか6年の市民運動の末「対人地雷全面禁止条約
（オタワ条約）」が採択されたという事例もあり，いつどのようなタ
イミングで状況が変化するかは予測できないので，核廃絶の市民運
動の継続こそ大切であろう。

パンデミック

　2019年12月に中国の武漢で発生した新型コロナウイルス感染症
（COVID-19）は，またたく間に世界中に蔓延していった。日本で
は，2023年2月15日現在，陽性者数は累積で3300万人となり，死亡
者数は累積で7万1136人に達した。世界全体では，感染者は6億
7321万人余，死者数は685万6055人となっている（ジョンズ・ホプキ

ンス大学の発表。2023年2月16日現在)。この統計に載っていない感染者も多いと思われる。このように病気が世界の複数の地域で同時に大流行することを「**パンデミック**」と呼んでいる。SDGs が策定されたときにはこのような事態は想定されていなかったので，SDGs の目標達成にとっては最大の誤算である。

　しかし，人類の歴史を紐解くと，さまざまな感染症によるパンデミックを経験している。1度のパンデミックとして史上最大の被害をもたらしたのはインフルエンザ（「スペインかぜ」）である。このパンデミックが発生したのは，第一次世界大戦中に米国で発生したインフルエンザが，派遣された米軍によりヨーロッパに伝播した。さらに戦争が終結すると，帰還兵を介して世界中に拡散していった。当時の世界人口約18億人のうち3分の1から半数ほどが感染し，世界人口の3〜5％が死亡したと言われている。当初戦時下にあった各国はその被害を隠蔽し，中立国だったスペインだけが実態を報道していた。そのため，発生源ではないものの，被害が強く印象づけられた結果，このインフルエンザは「スペインかぜ」と呼ばれるようになった。

　世界史では，14世紀にヨーロッパで大流行したペストが有名である。ペストは黒死病とも呼ばれ，当時のヨーロッパの人口の6割に相当する3000万人が犠牲になり，世界全体での死亡数は1億人にも上ったと言われている。黒死病に無力であった教会の権威の失墜や，急激な人口減による農奴の地位向上などにより，中世の封建制度を崩壊させる一因ともなった。いっぽう，人類が唯一克服できた感染症が**天然痘**である。天然痘は紀元前より流行をくり返し，世界中で多くの死者を出してきた。日本では奈良時代に大流行し，奈良の大仏造営のきっかけとなった。また大航海時代には，コロンブス

などによって南北アメリカ大陸に持ち込まれ，アステカ王国やインカ帝国が滅亡する一因ともなっている。18世紀に英国のエドワード・ジェンナーが種痘を開発し，天然痘の予防法が確立された。1958年にはWHO総会で「世界天然痘根絶決議」が全会一致で可決された。これをきっかけに**WHO**は天然痘撲滅に着手し，1977年を最後に天然痘の患者は確認されなくなった。

　1980年にWHOは天然痘の撲滅宣言を出し，人類はついに感染症に打ち克つことができるという期待が膨らんだ。しかし，その後，HIV/AIDS，SARS，MERSの蔓延と続き，今回のコロナ禍を迎えることになる。新しい感染症発生の主な原因は，人間が野生生物に近づくことにより，野生生物のウイルスが種の壁を越えて動物から人間に伝染することである。世界の人口が100億人にも達しようという時代にあっては，新しい感染症を予測することはほとんど不可能であろう。パンデミックは2030年以降も大きなグローバル課題であることはまちがいない。

不確実な課題

　以上，過去の延長線上で2030年以降のグローバルな諸課題について検討した。いっぽう，過去の経験からでは将来を見通せない問題も多い。その一つは災害である。地震や火山噴火などは予知することが難しい。日本でも長年，関東直下型地震や南海トラフ地震に対して備えを行ってきたが，実際に起きた大地震は阪神・淡路，上越，三陸沖，熊本であった。日本中どこでも災害は起きるものとして防災・減災対策を行うしかない。

　2023年には，生成AIである「ChatGPT」が話題となった。文章で質問すると的確な回答を瞬時に返してくれるソフトである。実際

には誤りも多いのではあるが，大学のレポート程度であれば，最低の合格点をとることができる。AI（人工知能）の進歩は急速で，2045年にはシンギュラリティ（技術的特異点）が到来して，世界のAIを合せた性能が全人類の知性を超えるという予測もある。AIのシンギュラリティについては，2030年代には訪れるだろうという予想もあり，その時点で人類とAIとの関係がどうなるのかは今の時点では予測困難である。AIに限らず，テクノロジーの進歩については予想が難しい。例えば，空中のCO_2を酸素に還元する技術が実用化すれば，地球温暖化問題の解決にも寄与するであろう。現状としては予測困難なファクターは横に置いておいて，まずは確実に起こるであろう事態について想像力をもって対処する必要があろう。

第10章　参考文献

国連広報センター「持続可能な開発目標（SDGs）報告2023: 特別版」https://www.unic.or.jp/activities/economic_social_development/sustainable_development/2030agenda/sdgs_report/〈最終閲覧2023.9.30.〉

毛受敏浩（2023）『人口亡国―移民で生まれ変わるニッポン』朝日新書

本田達雄（2015）『生物多様性―「私」から考える進化・遺伝・生態系』中公新書

髙橋進（2021）『生物多様性を問い直す―世界・自然・未来との共生とSDGs』筑摩書房

開発教育協会（2020）『開発教育 67号 特集：気候危機と私たち』開発教育協会

小貫仁（2016）「貧困・格差」田中治彦他編『SDGsと開発教育』学文社，136－157頁

ピースボート「ICAN（核兵器廃絶国際キャンペーン）とは？ノーベル平和賞受賞の背景を解説します」https://peaceboat.org/21213.html〈最終閲覧2023.9.30.〉

井上栄（2020）『感染症―広がり方と防ぎ方 増補版』中公新書

第11章　SDGsを「自分事」に

　2021年12月に朝日新聞社が実施した調査では，「SDGsという言葉を聞いたことがある」と答えた人は76.3%と高水準に達していたが，他方でSDGsに関する取組を行っているかについては「特に取り組むことは考えていない」が47.7%あった（第8回SDGs認知度調査）。SDGsを知っていることと，SDGsの目標達成のために行動することとの間には相当の乖離がある。プラスチックごみを減少させるためにマイバッグを持参することは長い目で見て，持続可能な社会に確かにつながりはするが，それだけで持続可能な社会が実現するわけではない。日々の節約やリサイクル活動は個々人にとっては容易に実行できることではあるが，それ以上の行動をとろうとしても何をしてよいかわからないということもあるであろう。そこで，最終章ではSDGs達成のために節約やリサイクルを超えるための行動のヒントとなるような議論をしてみたい。

学校教育とSDGs学習

　日本では，2020年度より大多数の学校でSDGs学習が始まっている。SDGs学習が従来の学習と違う点は，単に知識として蓄えるのではなく，問題解決に向けて自ら思考する力を身につける点である。そのためには，参加型学習，カリキュラム・マネジメント，学校と社会との連携の3点が必要となる。

　まず，参加型学習は地球的課題のように答えそのものが多様であり，答えを見いだすプロセスを重視する学習活動において重視される。開発教育協会では，参加型のワークショップについて英国のグローバル教育の事例などに学びながら研究を進めてきた。そして，

数多くの参加型学習の教材を製作した。とくに『ワークショップ版世界がもし100人の村だったら』は ESD の現場で盛んに活用されている。次にカリキュラム・マネジメントであるが，SDGs の17目標は広範な課題を扱っていて，その教育内容は従来の教科の枠組みを超えている。SDGs 学習の目的を達するためには，社会科，理科，家庭科などを中心としながらも，総合的な学習の時間や学校行事などとも連携して，最終目的であるところの「持続可能な社会の創り手」の育成を行うことが必要である。そのためには，各教科・領域の SDGs 関連の単元や学習活動を時間軸に沿って表示した「ESD カレンダー」を教員全員で作成して活用することが有効である。さらに，子どもたちが将来，社会に参加するためにも実際の社会との交流のなかで学びを深めることが大切である。学校のなかにとどまらずに，地域，自治体，社会教育施設，企業，NPO などとの連携が求められる（図11-1）。

　開発教育協会では2023年1月に「SDGs 学習の実施に関するアンケート」を実施した。小学校から高校までの教員69人の回答があっ

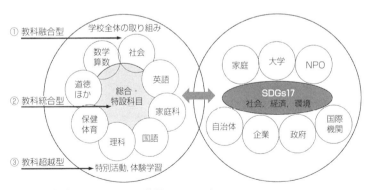

図11-1　学校における SDGs 学習のイメージ
出所：田中治彦他編（2019）57頁

た。「SDGs 学習を進めていく上での課題は何ですか」との問いに対しては，「時間の確保が困難（30）」「教師の理解不足（28）」「学校の理解不足（21）」「予算不足（8）」といった学習環境に関する課題が多かった。いっぽう，学習の進め方としては「単純な解決策しか出てこない（22）」「扱う範囲が広いため焦点化が困難（15）」「複数の教科との連携が困難（11）」「企業やNPOをはじめとする関係機関との連携が難しい（14）」と，カリキュラム・マネジメントや外部との連携についての課題が上がっている。

SDGsの解決に向けてリサイクルや節約といった単純な解決策しか出てこないのは，SDGsに取り組んでいる企業，自治体，NPOなどが行っているさまざまな事業や活動を教師自身も把握していないからであろう。参加型学習は個人の教員でも採用することができるが，カリキュラム・マネジメントや外部との連携については学年や学校全体としての取組が必要であり，それを実行するのはハードルがやや高い。

SDGsのようなグローバル課題に取り組むには，教科という専門性を超えて，一市民としてこの問題に取り組もうとしている教員の存在が貴重である。そのような教員は教科の枠組みや学校という限定された空間を超えて思考することができる。SDGs学習において成果を上げている実践事例をみると，そのような教員の存在とそれを支援し，少なくとも容認する管理職の存在がある。SDGs学習の推進にあたっては，カリキュラム・マネジメントなどを通して，学校全体が協力して学習活動に取り組むことが望まれる。

市民団体・社会教育と SDGs

2020年からの学習指導要領で日本の子どもたちはすべて SDGs に

ついて学ぶことになった。しかし，かれらが社会で活躍するには少なくとも10年はかかる。さらに，SDGsが課題としている貧困・格差，地球温暖化，人権・差別といった課題は大人社会がもたらしたもので，その解決をかれらに求めるのはまさに「世代間の公正」に反する。教員を含めて大人社会自体がその解決に向けて努力する姿勢を見せなければ，かれらに対して説得力はないであろう。

　大人たちの学習は社会教育・生涯学習によって行われ，解決に向けての行動は行政・企業・地域・市民団体などによって担われている。筆者が在住する茨城県龍ケ崎市には市民活動センターがあり，そこには134の団体が登録されている（2023年11月現在）。そのうち半分は音楽，短歌，園芸などの文化活動を行う団体であり，残りの半分が福祉，子育て，環境，まちづくりなどの社会課題に取り組む市民団体である。SDGsの「2030アジェンダ」には文化の重要性が述べられてはいるが，17目標に文化がないために，文化活動団体はSDGsについての認識は低い。また，社会活動を行う団体もSDGsに対して期待する団体とほとんど関心をもたない団体とに分かれる。関心をもたない理由はいくつかあるが，社会活動団体にとっては2016年にSDGsが開始される以前から活動を行っていて，今さらSDGsにタグ付けする必要性を感じない，あるいはSDGsに関心をもってもとくにメリットがないと感じているというような理由である。

　SDGsを活用することで自らの活動を強化し，結果的に地域のSDGs推進に貢献している例として高知県のNPO法人黒潮実感センターを紹介したい。黒潮実感センターは高知県柏島を拠点して，「島丸ごと博物館」を目指して持続可能な里海づくりの活動を展開してきた。漁業をめぐっては漁師とダイバーとが対立していたが，

同センターでは双方が協働で行うアオリイカ増殖産卵床設置事業を提案して win-win の関係を築いた。また，豊かな里海を実現するために，川の上流の林業関係者とも協力し，さらに地元の観光を振興するために行政とも連携している。こうした「森・川・海」のつながりをつくるうえで，SDGs という大義名分をもち出すことが関係者の連携を容易にしている。

　分野が異なる市民団体や行政との連携を促進する際に，公民館などの社会教育施設がそのつなぎ役となっている例がある。早くから市をあげての ESD に取り組んできた岡山市の京山公民館である。岡山市は「国連 ESD の10年」が始まる2005年に国連大学より RCE（ESD の地域拠点）に認定されていて，ユネスコスクール，京山公民館，岡山大学が中心となって地域の ESD を推進する体制をつくった。京山公民館では，環境系の「京山いいとこマップ」，多文化共生系の「フレンドリー京山」，福祉系の「地域の絆プロジェクト」などの事業が，地域の学校や NPO によって推進されていた。2004年には京山地区 ESD 推進協議会が設立されて，毎年「ESD デー・フェスティバル」が開催されている。2013年には，岡山市で「ESD 推進のための公民館—CLC 国際会議」及び「ユネスコスクール世界大会」が開かれた。岡山市は，2018年に「SDGs 未来都市」に選定されている。

　SDGs においては関係する団体の範囲が広く，また行政・NPO・教育機関・企業などの異業種の連携が必要となるために，それらをつなぐ拠点が重要となる。高知県柏島の場合は NPO が，岡山市の場合には公民館がその拠点となっている。ほかにも，神戸では神戸大学が拠点組織の事務局を担い，東京都板橋区の場合には社会教育会館と地元 NPO がさまざまな団体をつないでいる。

リサイクル・節約を超える活動

　SDGs を推進するために個人として行動できることは何であろうか。ある小学校では、率先して模範を示そうと教員が個人として行っている行動を示している。そこでは「節水・節電に努めている」「買い物はエコ・バッグ持参で」「フードロスを少なくしている」「ペットボトル、段ボールなどのリサイクル活動」など、節約・リサイクル系の活動が上がっている。一人ひとりの環境への貢献は小さくとも、多くの人がリサイクルに取り組むことは環境保全にために大切なことである。いっぽう、SDGs は国連での決議のなかで「世界を変革する」ことを掲げている。それは個人として可能なことなのだろうか。

　SDGs 活動が個人の節約レベルを超えて、社会を変革する行動となるためには、まずはそのような活動を行っている NPO、企業、地方自治体を知ることが必要である。日本の NPO の連合体である SDGs ジャパンには環境、教育、ジェンダー、まちづくりなどに取り組む139団体が加盟している（2023年1月現在）。これらの団体はいずれも社会を変えようと日々努力している。これらの団体の活動基盤は会費や寄付金である。それらの団体を支えることで、世界を変える活動に個人としても貢献できるし、そのための試みを学ぶことができる。同じことは企業についてもいうことができる。ホームページ上には SDGs に積極的に取り組む企業のリストが掲載されている。株式投資など個人として投資行動を起こす際に、SDGs への貢献度が高い企業を候補にすることで、それらの企業活動を支援することにつながる（ESG 投資）。一つひとつの企業を調べることが困難な場合には、SDGs 貢献企業を投資先として選択している投資信託を利用することも可能である。地方自治体の場合、全国31の都

市や県が SDGs 未来都市に選定されている（2021年度）。北海道から沖縄まで全国各地の都市があるが，この他にも独自に SDGs を推進している市町村は多い。そうした都市をふるさと納税で支援するのも，個人として SDGs 推進に寄与する行動である。

このように寄付や投資で SDGs を推進することならば個人でも行動可能であり，かつ社会を変える力につながり，しかも自身も SDGs について具体的に学ぶことができる。もちろん，それ以上の活動も可能であり，それらの NPO でボランティアとして活動する，地元の自治体や議員に質問したり提言したりする，SDGs に関係するパブリック・コメントに提言する，などより積極的な行動も期待される。

SDGs に対する批判

SDGs はこの地球社会が持続するための重要な国際目標ではあるが，いっぽうで，その内容や実施手段についてさまざまな批判の声もある。本書でも，17目標には入っていない「文化」の重要性や，核と平和の問題に対して言及がほとんどないことなどを指摘した。まず，実施状況についての批判をみていこう。

日本でも多くの企業が SDGs の推進を企業活動の一つに位置づけている。しかしながら，SDGs の推進を標榜していながら，実際の企業活動においてそれとは反することを行っている場合があり，これは「**SDGs ウォッシュ**」と呼ばれている。例えば，日本の三大メガバンクは SDGs の目標の一つである脱炭素社会の実現をうたっていながら，石炭火力発電所建設への出資，融資を行っている。とくに，A 銀行は最大の融資を行っているとして環境保護団体からの批判を受けて，2020年に新規融資を中止することを表明せざるを得な

かった。また，実用衣料品の製造小売をグローバルに展開している B 企業が，その製造過程で低賃金，長時間労働，劣悪な労働環境である中国やカンボジアの企業に発注していることを国際 NGO から厳しく批判された。

つぎに，政府や地方自治体の「**タグ付け**」の問題である。日本政府や各自治体は SDGs 推進のため，それまでの政策や事業を17目標に当てはめている。いわゆる「タグ付け」と言われるやり方である。問題は，タグ付けによりいかにも SDGs の推進に寄与しているように見せかけてはいるが，その実情は，従来の施策や事業の寄せ集めであり，SDGs 推進のための新規事業に乏しいという現実がある。SDGs は「世界の変革」を求めていて，従来施策の延長線以上のものが求められるからである。

国家間の問題で言うと，相変わらず先進国と途上国との思惑の違いがある。2022年10月にエジプトで気候変動に関する COP27 が開かれた。「パリ協定」で世界の平均気温の上昇を産業革命前と比べ 2 度未満に保つことが決められたが，さらに COP26 で「1.5度に抑える努力を追求する」という「**グラスゴー気候合意**」が採択された。しかしながら現状では，各国の削減目標をあわせても，今世紀末までにおよそ2.5℃上昇する見通しであった。そこで COP27 では，1.5℃目標の達成を目指して2030年の削減水準を引き上げるための作業計画を作成することになっていた。ところが，その夏パキスタンで記録的な大洪水が発生し，国土の 3 分の 1 が水没した。これを受けて途上国側は「損失と損害（ロス＆ダメージ）」を巡る議論を会議で展開した。結局，「最も気候変動にぜい弱な国のための基金」としてシャルムエルシェイク実施計画が採択された。しかし，その具体的な内容も「削減水準を引き上げるための作業計画」の策

定も，次回の COP28 に先送りになった。

　このように気候変動をめぐる先進国と途上国との対立は地球サミット以来，延々と引き継がれていて合意形成に至っていない。このことは突き詰めれば「持続可能な開発は可能なのか」という根本的な議論にも通ずるものである。「持続可能性」を追究する環境関係者や先進国側と，「開発」は手放せないとする産業界と途上国側とでは，あらゆる場面において対立している。持続可能な開発の概念自体は，まだ発展途上であって終着点が見えない。「環境 vs 開発」という対立関係を弁証法的に乗り越えるような理念ができるまでにはまだ相当な時間がかかりそうである。しかしながら，地球温暖化の対策を見ても分かるように，持続可能な地球社会の実現のために残された時間は長くはない。SDGs 後半の 7 年で理念としても現実の対策としてもどこまで歩み寄ることができるのか，緊張感をもって注視したい。

孤立と居場所

　最後に居場所論について述べるのは，それが SDGs のスローガンである「誰一人取り残さない」に関わっているからである。**居場所論**は，もともとは若者を対象とした実践や研究のなかから洗練されてきた概念である。この用語が広まるきっかけとなったのは，1992年に文部省が不登校問題への対策として報告書を発表し，その副題に「心の居場所」を使用してからである。以後，「居場所」をタイトルに用いる出版物が増えた。

　筆者らの研究では居場所には三つの要素がある。第一は，文字どおり「場所」である。すなわち居心地のよい安全な空間を指す。第二は，安心できる「人間関係」である。少なくとも危険を感じるこ

とがなく，多少あつれきはあってもそれを解決できる人間関係があることが大切である。第三は，近未来への時間展望である。現代では若者だけでなく，どの年齢層の人でも5年先，10年先の自分の姿を想定することが難しい。近い将来について少しでも見通せる場所が「居場所」なのである。若者の場合，それは少し年長の人の生き方がモデルとなるであろう。居場所とは，安心できる場所，信頼できる人間関係，近未来への時間展望という三つの要素がそろった「場」のことを指している。

家庭にも学校にも職場にもどこにも「居場所がない」と人間はどうなるであろうか。そのストレスが自身の内側に向かった場合は「ひきこもり」などになる。この場合，自分の部屋などの最小限の空間が居場所であり，外部社会とのつながりを絶ってしまう。ストレスが外部に向かった場合，暴力や他者の排除，ときには過激な行動となることもある。図11-2は欧米社会をモデルにしている。例えば英国やフランスである。英国の中間層の若者は，社会のなかで非常に不安定な位置にいる。英国では経済状況が悪化すると，真っ先に解雇されるのは中高年ではなく若年層である。会社への勤務歴が短い者から解雇されるからである。こうした若者が，より弱い立場にある移民の若者を排除したり攻撃したりする傾向にある。また，BREXIT（EUからの離脱運動）のように移民排斥を扇動する政治勢力が力を得ている。英国国籍をもっている移民の若者たちで

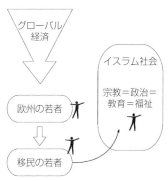

図11-2　グローバル化と居場所
出所：田中治彦他編（2019）26頁

すら，英国社会において雇用の面では不利な立場に置かれているので，移民の若者たちは景気が悪化すると経済的にも社会的にもますます厳しい立場に置かれることになる。

　こうして移民の若者たちは英国社会に希望をもてなくなり（近未来への展望がなくなり），英国社会での「居場所」を失う。いっぽう，イスラム社会は一般に，宗教，政治，教育，福祉が一体化した社会を構成している。すなわち，いったんそこに入れば，衣食住，教育，福祉の心配がなく，宗教的価値も確立しているので将来への不安がなくなり，希望をもつことができる。まさに居場所の３要素をすべて備えた社会である。「欧州社会から排除され居場所がないあなたにも，何か役割があるはずです。一緒に「イスラム国」の建設に参加しましょう」という誘いの手に乗る者がいたとしても不思議ではないだろう。したがって，欧州社会の安定を考えるならば，移民の若者も含めて，すべての若者がその社会に「居場所」があると感じられる社会づくりが必要である。そのためには，失業対策など経済的な側面も大切であるが，同時に多文化共生を保証する社会づくりこそが課題となる。英国では，学校教育でもユースワーク（青少年の社会教育）でも，多文化共生は一つの大きなテーマであり，過去そのための実践も続けられてきた。しかしながら，この方面ではなかなか目に見える効果が上がらないのが実情である。

　SDGs のスローガンは，「誰一人取り残さない（No one is left behind）」である。世界全体の生活水準が底上げされるなかで，それでも取り残されたり，排除された人々に焦点を当てるものである。とするならば，このスローガンを否定型ではなく，肯定型にして次のように表現してはどうだろうか。

「だれにでも居場所がある世界を」

"Create a world everyone has an ibasho！"

　「居場所」とは単に空間的な場所なのではなく時間展望と人間関係をも含む用語である。そのため，適切な英語訳が存在しない。そこで ibasho をそのまま英語で使用せざるを得ない。「誰にでも居場所がある世界」づくり，それはこの日本社会にとっても大きな課題である。経済的な側面も社会的な側面も含めて「居場所」がある社会づくりとは何なのか，私たちに何ができるのかを SDGs の実現のために考えてみたい。

第11章　参考文献
田中治彦他編（2019）『SDGs カリキュラムの創造―ESD から広がる持続可能な未来』学文社
日本社会教育学会編（2023）『SDGs と社会教育・生涯学習』東洋館出版社
開発教育協会編（2017）『ソーシャル・アクション・ハンドブック―テーマと出会い・仲間をつくり・アクションの方法を見つける39のアイデア』開発教育協会
田中治彦（2017）「誰にでも『居場所』がある世界に」西あい・湯本浩之編『グローバル時代の「開発」を考える』明石書店，221–247頁
田中治彦・萩原健次郎編（2012）『若者の居場所と参加―ユースワークが築く新たな社会』東洋館出版社
TANAKA, Haruhiko（2021）Development of the ibasho concept in Japanese education and youth work: Ibasho as a place of refuge and empowerment for excluded people, in *Educational Studies in Japan: International Yearbook 15*, pp.15–27

SDGs・グローバル課題関連年表

西暦	世 界	日 本
1945	第二次世界大戦終結 国際連合創設 ユネスコ（国際連合教育科学文化機関）創設	広島・長崎に原爆投下 日本，ポツダム宣言受諾
1946	ユニセフ（国際連合児童基金）創設	日本国憲法公布
1947	トルーマン・ドクトリン（東西冷戦開始） マーシャル・プラン開始	教育基本法公布
1948	国連総会で「世界人権宣言」を採択	
1949	経済相互援助会議（コメコン）設立 北大西洋条約機構（NATO）設立	
1950	英連邦でコロンボ・プラン開始 朝鮮戦争勃発	
1951	国連で「難民条約」採択	サンフランシスコ講和条約 日米安全保障条約締結 日本，ユネスコに加盟
1952		
1953	ユネスコ協同学校計画開始	
1954		日本・コロンボ計画に参加
1955	アジア・アフリカ会議（バンドン） ワルシャワ条約機構発足	二大政党時代始まる
1956		日本，国連加盟
1957		
1958		
1959	O. フランクス，南北問題を提唱 ユネスコ，初等教育充実のための「カラチプラン」採択 「児童の権利宣言」採択	
1960	アフリカで17カ国が独立	池田内閣，所得倍増計画 日米新安全保障条約締結
1961	第 1 次国連開発の10年計画 ベルリンの壁構築 第 1 回非同盟諸国首脳会議開催（ベオグラード） 経済協力開発機構（OECD）設立	
1962	キューバ危機 R. カーソン『沈黙の春』	
1963		水俣病の原因を公式に認定
1964	プレビッシュ報告書発表 UNCTAD 第 1 回総会 ベトナム戦争本格化 米国で人種差別撤廃のための公民権法成立	東京オリンピック開催 日本，IMF 8 条国に

1965		青年海外協力隊創設 同和対策審議会答申
1966	アジア開発銀行設立 国際人権規約採択	日本，世界銀行からの借入を完了
1967	東南アジア諸国連合（ASEAN）発足	公害対策基本法制定
1968	P. フレイレ『被抑圧者の教育学』 国連で核不拡散条約採択	
1969	援助問題に関する「ピアソン報告」	
1970		大阪万国博覧会開催
1971	第2次国連開発の10年計画開始	環境庁（現，環境省）発足
1972	ローマクラブ『成長の限界』 国連人間環境会議（ストックホルム） UNEP（国連環境計画）創設 シューマッハー『スモールイズビューティフル』 ワンチェク（ブータン第4代国王）「国民総 　幸福量（GNH）」提唱	日中国交正常化 自然環境保全法制定
1973	OPEC諸国による石油戦略（オイルショック）	
1974	国連資源特別総会で「新国際経済秩序」宣言 ユネスコ総会で「国際教育勧告」採択	田中角栄首相，東南アジア歴訪 　で反日デモ 国際協力事業団（JICA）設立
1975	ダグ・ハマーショルド財団「もうひとつの開 　発」提唱 第1回世界女性会議（メキシコシティ） ベトナム戦争終結 第1回先進国首脳会議（ランブイエ）	
1976	ILO等「基本的人間ニーズ（BHN）」提唱	神奈川県長洲一二知事「民際外 　交」提唱
1977		
1978	国連人間居住計画（ハビタット）設立	日本のODA3年倍増計画
1979	インドシナ難民問題国際会議開催 国連総会で女子差別撤廃条約を採択 酸性雨対策のための「長距離越境大気汚染条 　約（ウィーン条約)」採択 国際児童年 ソ連によるアフガニスタン侵攻	日本「国際人権規約」に加入 第1回開発教育シンポジウム開 　催（栃木，東京）
1980	UNEP/IUCN/WWF『世界環境保全計画』 第2回世界女性会議（ストックホルム） ユネスコ軍縮教育世界会議（パリ）	日本のNGO設立増加
1981	国際障害者年	日本「難民条約」を批准 日本のODA5年倍増計画
1982	中南米で累積債務問題深刻に	日本ユネスコ国内委員会『国際 理解教育の手引き』発行 開発教育協会（DEAR）発足

1983		日本でアジアブーム起きる 第1回開発教育全国研究集会開催
1984	アフリカの飢餓救済キャンペーン	
1985	第3回世界女性会議（ナイロビ） 国際青年年	プラザ合意（円高誘導） 男女雇用機会均等法
1986	貿易自由化のためのウルグアイ・ラウンド始まる（〜93年） 国際熱帯木材機関（ITTO，本部横浜）設立 チェルノブイリ原発事故	
1987	ブルントラント委員会報告（「持続可能な開発」を提起） オゾン層を破壊する物質に関するモントリオール議定書採択	関西NGO協議会設立 国際協力NGOセンター（JANIC）設立 日本で外国人労働者問題深刻に
1988		文部省，学習指導要領改訂 外務省，NGO事業補助金制度開始
1989	国連総会「子どもの権利条約」採択 「ベルリンの壁」崩壊	
1990	国連開発計画（UNDP）『人間開発報告書』刊行 「万人のための教育」会議（ジョムティエン） 国連で移住労働者の権利条約採択 湾岸戦争勃発	日本環境教育学会設立 出入国管理法改正
1991	ソビエト連邦崩壊 ILOなど「参加型開発」提唱	郵政省，国際ボランティア貯金開始 文部省『環境教育指導資料』発行
1992	国連環境開発会議（地球サミット，リオデジャネイロ） ボスニア・ヘルツゴビナ紛争勃発	日本，カンボジアでPKO活動
1993	世界人権会議（ウィーン）	
1994	国連人口開発会議（カイロ） 国際先住民年	日本「55年体制」崩壊
1995	国連社会開発会議（コペンハーゲン） 第4回世界女性会議（北京） 世界貿易機構（WTO）発足	阪神淡路大震災
1996	第2回国連人間居住会議（イスタンブール）	中教審答申で「総合学習」提唱
1997	第5回国際成人教育会議（ハンブルグ） 環境と社会に関する国際会議（テサロニキ） 気候変動に関する京都議定書採択 対人地雷全面禁止条約（オタワ条約）採択 アジアの通貨危機	アイヌ文化振興法成立 ef（未来のための教育協議会）設立
1998		特定非営利活動促進法（NPO法）成立

1999	国連「グローバル・コンパクト10原則」制定 ILO「最悪の形態の児童労働を即時撤廃するための条約」採択 対人地雷禁止条約発効 第3回WTO総会（シアトル）で反グローバリズムの抗議行動 世界人口60億人に	国際協力銀行（JBIC）設立 男女共同参画基本法制定
2000	国連ミレニアム・サミット（「国連ミレニアム宣言」採択） 国連「ミレニアム開発目標（MDGs）」を設定 教育促進のための「ダカール行動枠組」を採択 国連「職業及び世系に基づく差別」に関する決議 平和の文化国際年	ジャパン・プラットフォーム設立 人権教育及び人権啓発の推進に関する法律施行
2001	米国で同時多発テロ発生（9・11事件）	
2002	持続可能な開発に関する世界首脳会議（ヨハネスブルグ） 「持続可能な開発のための教育の10年」（2005～2014年）を国連総会で採択 欧州グローバル教育会議（マーストリヒト）	公立学校で「総合的な学習の時間」始まる
2003	国連，識字の10年開始 米国，イラクに先制攻撃	持続可能な開発のための教育の10年推進会議（ESD-J）発足 新ODA大綱閣議決定 第3回世界水フォーラム開催（京都市） JICA，国際協力機構として独立行政法人化 環境教育推進法成立
2004	スマトラ沖地震で津波被害	
2005	国連「持続可能な開発のための教育の10年」開始 ESD国際実施計画策定 地球温暖化防止のための京都議定書発効 貧困をなくすグローバルキャンペーン（GCAP）開始	「愛・地球博」（愛知万博）開催 「国連ESDの10年」関係省庁連絡会議設置 文科省，国際理解教育を国際教育に改称
2006	国連人権委員会を理事会に格上げ 国連で障害者の権利に関する条約を採択	日本政府，ESD国内実施計画策定 教育基本法改正
2007	リーマン・ショック（世界金融危機） 先住民族の権利に関する国連宣言	新潟中越地震
2008		北海道洞爺湖G8サミット 「アイヌ民族は先住民族」決議国会で採択 学習指導要領改訂 新JICA発足（ODAの一元化） ユネスコ協同学校を「ユネスコスクール」と改称

2009	第6回国際成人教育会議（ブラジル・ベレン）	総選挙で民主党内閣成立
2010	北アフリカで「アラブの春」 中国のGDPが世界2位に	
2011	シリア内戦激化	東日本大震災・福島第一原発事故 障害者基本法を改正
2012	国連「持続可能な開発会議（リオ＋20）」（リオデジャネイロ） 第2回欧州グローバル教育会議（リスボン）	尖閣列島の国有化 総選挙で自民・公明連立内閣成立
2013	国連グローバルコンパクト等「子どもの権利とビジネス原則」発表 水銀に関する水俣条約採択	
2014	持続可能な開発のための教育（ESD）に関するユネスコ世界会議（名古屋市，岡山市） 西アフリカでエボラ出血熱流行	地方創生事業始まる
2015	国連総会・SDGsに関する「2030アジェンダ」採択 世界教育フォーラム（インチョン） 気候変動に関する「パリ協定」採択 国連総会「仙台防災枠組2015-2030」を採択	国会で平和安全法制を審議 公職選挙法改正で2016年より18歳選挙権
2016	アジアインフラ投資銀行（AIIB）設立 国民投票でイギリスのEU離脱決定（BREXIT）	SDGs市民社会ネットワーク（SDGsジャパン）発足 熊本地震 日本政府「SDGs実施指針」を策定
2017	国連総会において核兵器禁止条約を採択	文科省，学習指導要領改訂
2018		SDGs未来都市事業始まる 出入国管理法改正
2019	国連グテーレス事務総長「気候変動はもはや気候危機」と発言	アイヌ施策推進法
2020	新型コロナウイルス感染症（COVID-19）のパンデミック	
2021	アフガニスタンでタリバン政権樹立	東京オリンピック1年遅れで開催
2022	ロシア，ウクライナに侵攻 国連生物多様性条約第15回締約国会議（モントリオール）	成人年齢が18歳に
2023	世界各国でコロナによる行動制限を解除 イスラエル・ハマス戦争	日本政府「SDGs実施指針」を改訂

索　引

[著　者]

田中　治彦（たなか　はるひこ）

　1953年東京生まれ。上智大学名誉教授，日本社会教育学会名誉会員，（認定NPO）開発教育協会監事，（学）東京YMCA学院評議員，龍ケ崎市最上位計画策定審議会副会長。（財）日本国際交流センター，岡山大学，立教大学，上智大学を歴任。専門は，開発教育，生涯教育，SDGs論。

　著書に『SDGsと開発教育』『SDGsとまちづくり』『SDGsカリキュラムの創造』（以上，学文社），『グローバル時代の「開発」を考える』『18歳成人社会ハンドブック』（以上，明石書店），『成人式とは何か』（岩波書店），『SDGsと社会教育・生涯学習』（東洋館出版社），他多数。

　アクセス：htanaka@sophia.ac.jp

新SDGs論
　―現状・歴史そして未来をとらえる

　2024年1月5日　第1版第1刷発行

　著　者　田中　治彦
　© TANAKA Haruhiko　2024

　発行者　二村　和樹
　発行所　人言洞 合同会社　〈NingenDo LLC〉
　　　　　〒234-0052　神奈川県横浜市港南区笹下6-5-3
　　　　　電話　045（352）8675㈹
　　　　　FAX　045（352）8685
　　　　　https://www.ningendo.net

　印刷所　亜細亜印刷株式会社

　定価はカバーに表示してあります。
　乱丁・落丁の場合は小社にてお取替えします。

ISBN 978-4-910917-11-5